宇佐美 伸
Shin Usami
どさんこソウルフード
君は甘納豆赤飯を愛せるか！
亜璃西社

どさんこソウルフード ごはん

道産子たる者、ご飯ものだろうが麺類だろうが、炭水化物をワッセワッセとかき込む時にカロリーなんか気にしちゃあ、イケマセン。どうです、このハイカロリーなラインナップ！　中でもキングオブ炭水化物と言えば、やっぱり大ぶりの甘納豆がゴロゴロ入った甘納豆赤飯だ。これをしみじみ愛せるかどうかこそが、あなたの道産子指数を計るモノサシにもなるんです。おかず？　そんなもん甘納豆赤飯食らうのに必要ないっしょ！

飯
おにぎり

甘納豆赤飯

鉄皿ミートソース
豚 丼
エスカロップ

どさんこソウルフード
さかな

北国の魚はどことなく愛嬌がある顔をしている。その人懐っこさが、開けっぴろげな道産子気質にまずグッと来る。カジカ、ゴッコ、コマイ、ハタハタ、キンキ、ハッカク……。白身だからといって淡泊なんてトンデモナイ！　内地の魚に比べて格段に脂っこくてパワーがある。焼いても、干しても、煮ても、漬けても、パワーはますます凝縮されて豊穣の旨みに化けるのだ。魚と道産子の深い交わりこそは永遠に不滅である。

干しコマイ

ハタハタの飯ずし

ハモ丼

どさんこソウルフードおやつ

いやあ、こうやって眺めると、ふるさとのおやつって実に個性的だなあ。あんこたっぷりの月餅風パンやらサツマイモもどきの和菓子やら。洋風せんべいにはヒグマをあしらい、クッキーにはこれでもかというくらいのバタークリームを挟み込む。すべては道産子のパイオニア精神が成せる技ではないか。そしてどれもがしっかり甘い！　酷寒の地でわかりやすい旨さとは何より甘さだ！　そんな作り手の主張がストレートに伝わるから、どれもが見事にロングセラーなんでナイカイ！

マルセイバターサンド

月寒あんぱん

山親爺
札幌
おまけ
函館
わかさいも
依田勉三

S&B
ホンコン
やきそば
JAS
ソフトカツゲン
カツゲン

エトセトラ
et cetera
ガラナ
コアップ・ガラナ
五勝手屋羊羹
まりも羊羹
ポチッ
魚肉ソーセージ

どさんこソウルフード

君は甘納豆赤飯を愛せるか！

宇佐美　伸

どさんこソウルフード——君は甘納豆赤飯を愛せるか！

目次

第1章　おもしろ系　どさんこソウルフード

第2章　なるほど系　どさんこソウルフード

❖糠サンマ……218
身は刀というよりむしろ砲弾　思う存分餌を食べてきた成魚のコク

❖元祖塩ホルモン……223
古びた引き戸を開ければ　盛りつけや値段も〝ザ・北海道〟

❖ハスカップ……228
北海道が誇る　酸っぱい系果実の女王

❖旭川ラーメンと函館ラーメン……232
そこへ行かぬと本当の味はわからない　ご当地ラーメンは郷土の味

あとがき……236

口絵イラスト　ながせ義孝

第１章

おもしろ系

どさんこ
ソウルフード

❖甘納豆赤飯

あの頃食べたありゃいったい何だったんだべ？

道産子も長年内地に住んでいると、《あの頃食べたありゃいったい何だったんだべ？》と妙な気持ちになることがある。

釧路生まれの僕にとっては**甘納豆**赤飯がそれだ。食紅を入れて炊いたご飯（うちはたいていもち米だった）の中にゴロゴロと大ぶりな甘納豆が入り、黒ゴマがかかっている（うちはゴマ塩ではなかった）。運動会とかスケート大会とか、家族総出の体育会的催しがあると、のり巻きや太巻きや普通の白飯に加えて必ずお重に入っていた。お盆に親戚が集まる時もよく出た。

当たり前だが、小豆入りの普通の赤飯よりとにかく色が濃い。そして粘りがあった。単にもち米の粘りというより、甘納豆の砂糖っ気や

【甘納豆】小豆、インゲン豆、そら豆などを砂糖漬けにした和菓子の一種。つやよく仕上げたものと、砂糖をまぶしたものがある。江戸時代後期に、江戸は日本橋「栄太楼」が創製。浜名湖名物「浜納豆」と形が似ていることに由来するという。

エキスが米にも染み移った感じ。

この甘納豆赤飯を最もおいしく食べる方法がある。ずばり、おかずは一切口に入れずにそれだけをひたすら食べるのだ。《えっ、飽きないかって？》全然飽きません。と言うか甘納豆赤飯をただの甘納豆赤飯と思って漫然と食べていれば、そりゃ飽きます。が、甘納豆をおかず、赤飯をご飯と意識して食べるとアラ不思議、甘納豆（ま、たいていが楕円の大ぶりな**金時豆**だった）の鄙びた甘みと豆本来のコクがご飯と絶妙に合い、いくらでもイケそうな気がする。

いえいえ、決して詭弁じゃない。いわゆるラーメンライスとか、タコ焼きご飯とか、チャーハンご飯とか、あるいはポテトサラダご飯とか、要するに《炭水化物×炭水化物＝オイシイ》的自分なりの最強食パターンを持っている人は多いでしょ？　僕もフライ物の横によく付いてくるスパゲティのケチャップ和え、あれをおかずにご飯をかっこむのがものすごく好きだ。

で、甘納豆赤飯も豆とご飯をこの黄金パターンで考えると、相性は絶対悪くない。甘納豆単体ではややきつかった甘みがご飯と一緒に炊くことで丸くなり、もち米のどちらかというと単調でだれた食感が、

【金時豆】インゲン豆の仲間で冷涼な気候を好み、全生産量の8割近くが十勝で生産されている。デンプン質が多く、もっちりとした食感でほんのり甘い。砂糖をまぶしたこの豆の甘納豆を、北海道では赤飯に使うことが多い。

甘納豆ひとつでがぜん引き締まってくる。

不思議なことに、小豆入りの赤飯だとこうはいかない。小豆が小さ過ぎて存在感が薄いのと、何より全く味付けのない素のままの小豆では、おかずになりようがないのだ。白飯をおかずに白飯を食べられない、それと同じ理屈だろう。

納豆に砂糖をかける食べ方も、道産子の食文化として根強いものがあった。僕の周りにも納豆は砂糖に限るというヤツがいた。生卵に砂糖の組み合わせもそうだ。小学生の頃、近所の産婦人科医の息子だった同級生がこの信奉者。彼の家で晩ご飯をごちそうになったとき、兄貴も両親も含めて一家全員が生卵に砂糖、納豆にも砂糖だった。

僕の家にそういう習慣はなかったけれど、父方の祖母は味付け海苔に砂糖をまぶしていたし、焼いた餅をよく砂糖醤油に浸して食べていた。その砂糖の量が半端じゃなかったのも覚えている。トマトやスイカにも塩じゃなく砂糖をかけていた。

そう言えば、小樽生まれのノンフィクション作家である千石涼太郎さんの著書『なまら北海道だべさ!!』(双葉文庫)の中にも、アメリカンドッグ(フレンチドッグ)に砂糖をかける話(主にオホーツク沿岸地域とのこと）や内地人が北海道の茶碗蒸しの甘さに驚くエピソードなどが紹介されている。

こうして見ると、どうも道産子は砂糖を嗜好品や調味料としてではなく、それ自体をひとつのおかず、独立した食品としてとらえている（無意識であるにせよ）気がしてしょうがない。早い話、砂糖のみを合いの手に白飯をかっこめるのが道産子では、と考えたくなるのだ。

じゃあ、なぜ道産子はこんなにも砂糖好きなのか。これはもうDNAとしか言いようがない。極北の寒さに耐え、開拓の重労働を癒やし、貧しさの中でごちそうと思えるわかりやすい味とは何か。それが甘み、即ち砂糖であることを道産子は開拓時代から皮膚感覚で刷り込ませてきたからこそ、甘々系やコッテリ系の味に今も弱いのだと。

だからたまに帰省して、実家近くのスーパーやコンビニで甘納豆赤飯のパック詰めやおにぎりを見かけたりすると、オジサンはかなり涙腺が緩む。で、その横に小豆入り赤飯が普通に売られているのを見ると、「時代は変わった」とため息を漏らし、やっぱり涙腺が緩む。

平らげたときは汗だく 酷寒の港町だからこその鉄皿なのだ！

❖鉄皿ミートソース

僕は無類の麺好きで、だからもちろん焼きそばも大好きだ。ただし市販の蒸し麺を使うときは、そのままフライパンに放るなんてことはしない。まずアルミホイルに乗っけてオーブントースターで7、8分焼くのだ。余計な水分が飛んで麺全体が締まり、表面にこんがり焦げ目が付く。これを改めて炒めるも良し、用意しておいた餡をかけるも良し、バリバリバリパリパリの堅焼きそばが楽しめるという寸法だ。

バリパリついでにエビフライ、もしくはエビの天ぷらの尻尾をあなたは食べないで残したりしていませんか？　もったいない！　あのカリカリに揚がった尻尾には、実に何とも官能的な旨みが凝縮している。「天ぷらは油の脱水作用による旨みの凝縮」とは、東京の日本橋茅場町にて「**てんぷら　みかわ**」を営む名人、早乙女哲哉さんの名文句だが、上手に揚がった頭や尻尾は、エビ本来の甘みに香ばしさと歯ごたえが加わり、実は本来の身よりも好きなくらいだ。

居酒屋あたりでよく見るメニューにカニの甲羅揚げってありますよね？　甲羅にカニの身がちょっとだけ入った(全く入っていないという説も)ホワイトソースを詰めて、まるごと揚げちゃうヤツ。あれも僕はソースより甲羅をバリバリかじるほうが大好き(さすがにひとさまにはお勧めしないけど)。やっぱり甲殻類の王様だけあってバリンバリンのメリンメリンと強烈な歯ごたえだが、かみ砕くうちにカニの濃いエキスが殻の中からほとばしってくるのがわかる。入れ歯になるまでは食べ続けたい味だ。当然ポテトチップも、選ぶのはもっぱらケルトチップやカルビーの堅焼きだ。いったい何でこんな嗜好になっちゃったのか。理由を考えると釧路に住んだ人なら誰でも知っている「**レストラン泉屋**」に行き着く。

釧路川にかかる幣舞《ぬさまい》橋から歩いて3分、繁華街の末広町に1959(昭和34)年から続く、市内では老舗格だ。ステンドグラス風の飾り窓といい鋲打ちの革張り風椅子といい、中は昔ながらの洋食屋の雰囲気に

【てんぷら　みかわ】 1976(昭和51)年開業の江戸前天ぷらの名店。茅場町の路地裏にある狭い一軒家で、カウンターは8席。所在地＝東京都中央区日本橋茅場町3の4の7［☎03・3664・9843］水曜休。六本木ヒルズ店、八丁堀店もある。

【レストラン　泉屋】 現在、釧路市内にふたつの支店を構えるが、本店は末広町にある地下1階・地上4階のビル。本店所在地＝釧路市末広町2の28［☎0154・24・4611］月1回火曜休。

溢れ、レトロな気分に浸れる。

　名物は何と言ってもスパゲティ類だが、中でも個人的には断然、小さい頃から慣れ親しんだミートソースだ。ボリュームたっぷり山盛りの麺に、これまた外にはみ出さんばかりのソースがてんこ盛り。これだけでも食欲をそそるのに十分な雄姿だが、これがステーキを出すのによく使われる楕円型の鉄皿に乗っかって登場する。

　使い込まれた木の受け台に鎮座する黒光りした分厚い鉄皿は、これでもかというくらいに熱せられ、当然ながら上の麺やソースはジュージューパチパチパチ盛大な音を奏でる。鉄皿には濃厚な油脂が層状にたまっており、この油が底の麺をさらに素揚げ状態へといざなうのだ。何しろ、黙っているとテーブルの四方八方に油が飛び散るから、客はしばらく紙ナプキンを手前にかざして油はねを防御しなければならない。

　この、怒濤の熱々ぶりがたまらなくいい。頂上部の麺は下からわき上がる熱気でデュラムセモリナ的香りをムンムンさせ、ふもとへ行くほど麺は油で〝揚がって〟パリパリ度が次第に増す。実は泉屋の麺は茹でたてのアルデンテではない。あらかじめ下茹でしたものを鉄皿に乗っけているので、芯を感じる堅茹でを楽しむことはできない。だがそのぶん、上側のやわやわした麺の弾力と下側の素揚げされた硬度の対比がおもしろく、硬軟様々な麺の表情を楽しめるのだ。

で、最後の最後、鉄皿にへばり付いたカリカリの麺をフォークでこそげて食べるのが、子供心に病みつきとなってしまった。泉屋にはピラフシーフードカレーとか牛スペシャルライスとか和洋弁当とか、メニューを見ただけでそそられるご飯ものも多いが、生まれてこの方、僕はここでスパゲティ以外は食べたことがない。つまり僕の堅揚げ好きは《泉屋の鉄皿の底を幾度となくこそげ続けた賜物》なのである。

夏、4年ぶりに出かけた当地で、久しぶりにミートソースを食べた。盛夏の内地と違って、濃い霧がたちこめた街中は、半袖ではつらくなるほど肌寒い。だが、ややこごえ気味だった体も、懐かしいその味を平らげたときは全身汗だくになった。

この芯から温もる醍醐味は、どう考えても東京辺りじゃあ味わえない。《温かきことはごちそうかな——》。酷寒の港町だからこその鉄皿なのである。

ハンカクサイとお思いでしょうが小学校で流行ったなまらアイテム

❖ホンコンやきそば&やきそば弁当

「なまら」。なまら旨いとか、なまらハンカクサイのなまら、ではない。ヱスビーの**ホンコンやきそば**を、おやつ代わりにそのままバリバリかじることを言うのだ。袋入りインスタントラーメンの麺を生のまま食べる、略してなまら（生ラ）だ。僕が小学校高学年の頃、周りでかなりはやった。

日清の**チキンラーメン**もなまらアイテムだったが、仲間内ではホンコンやきそばのほうが断トツ人気で、当時はベビースターラーメンもそんなに浸透していなかった。

「ホンコンやきそばのなまら入り」っていうのもよくやったなあ。フライパンに水を入れて普通に作ったホンコンやきそばに、砕いたホン

【ホンコンやきそば】1964（昭和39）年に発売された、エスビー食品のインスタント焼きそば。2007年に「日清焼きチキン」が発売されるまでは、ほぼ唯一の味付け揚げ麺方式によるインスタント焼きそばだった。当初は全国発売で、現在は需要の多い北海道、仙台市、大分県の一部のみでの限定販売。

【チキンラーメン】日清食品創業者の安藤百福が生みの親。1958（昭和33）年に1袋35円で発売された即席ラーメンの第1号。この年が、日本のインスタント食品時代の実質的な幕開けとなった。

コン焼きそばのなまらを混ぜる。硬軟全く違う歯触り、歯ごたえ、が懐かしい。旨そうでしょ？

大学へ入り、北海道を離れて東京で下宿暮らしを始めたとき、一番びっくりしたのがインスタント麺やカップ麺のラインナップだ。ない！ それまで住んでいた釧路や札幌で当たり前に見ていた商品がないのだ。ホンコンやきそばはないし、マルちゃんの**やきそば弁当**もない。というか、マルちゃん陣はみそ・塩・しょうゆの正統派ラーメンも、麺のコリコリした硬さが病みつきになるなま味ラーメンも、まん丸マルちゃんの顔がシンボリックに袋にあしらわれたダブルラーメンも、とんと見かけなかった。

今は、ネットで検索すればあらかたの商品情報は即、手に入るけれど、当時はこうした商品がほぼ北海道限定だとは、思いも寄らなかった。

じゃあ東京のスーパーに何があったかというと、**ペヤングソースやきそば**であり、**サッポロ一番みそラーメン**であり、日清などの全国展開商品であり、博多ラーメンのインスタント版的**マルタイラーメン**（通称棒ラーメン）もけっこう幅を利かせていた。

【やきそば弁当】東洋水産が北海道限定で販売のカップ焼きそば。1975（昭和50）年に発売。青のり等の具材と一緒に別袋で粉末の「中華スープ」が付き、麺を茹でた後の湯で作るのがイイ。

【ペヤングソースやきそば】群馬県伊勢崎市に本社のある「まるか食品」が1975（昭和50）年に発売の即席焼きそば。四角い容器で湯切りをしやすくしたうえ、業界初の液体ソースを採用。テレビCMの後押しもあり、ロングセラー商品となった。

しかし、肝心のホンコンとマルちゃんがない。東京の友人はサッポロ一番みそラーメンこそが札幌ラーメンの忠実なコピーと思っており、そうじゃないんだ、本場の札幌ラーメンは西山製麺の黄色い麺みたいに粘り腰がないとダメなんだ、インスタントならこっちに売ってないマルちゃんのみそが一番近いんだと、いくら力説しても実物がないのでわかってもらえなかった。

道産子にとって至極日常的なこのマルちゃんシリーズは、東京に本社を置く東洋水産の商品だ。1953（昭和28）年に築地市場で創業、当初は海産物の取引や加工を生業としていた。ところが61年からマルちゃんブランドでインスタントラーメンを作り始める。なぜ、このマルちゃんが、北海道とこれほど深くつながるようになったのか。

実はうちが札幌に即席麺工場を置いたのは1964（昭和39）年で、大手メーカーさんの中では初めてだったんです。その前年には釧路にマルちゃんブランドの魚肉ハムや魚肉ソーセージ用すり身工場を開設（2003年閉鎖）していたことも、マルちゃんの名前が道内に浸透するきっかけになったと言えるでしょう。おかげさまで「やきそば弁当」シリーズの道内シェアはカップ焼きそば全

【サッポロ一番みそラーメン】 サンヨー食品の袋麺タイプのインスタントラーメン、サッポロ一番シリーズは、1966（昭和41）年に「しょうゆ味」を先行発売。「みそラーメン」が発売されたのはその2年後で、特にみそ味は、みそラーメンの一般化に先駆的役割を果たしたとされている。ちなみに同シリーズ「塩らーめん」の発売はさらに3年後の1971年。

体の7割を占めていますし、袋麺でも我が社商品のシェアは6割になっています。

というのが、東洋水産広報宣伝部の説明だ。

実は僕の札幌の実家から、つい最近までその札幌工場の、マルちゃんマークの大きな看板が見えた。2階の西向きの窓を開けると、札幌オリンピックの会場にもなった手稲山を背に、夏も冬も昼も夜も、晴れの日も雨の日も雪の日も、いつもふもとで人懐こい笑顔をこっちに向けている。そのときは気付かなかったが、思えばずいぶんとあの顔に励まされた。嫌なことやむしゃくしゃすることがあると知らないうちに窓を開けていたし、深夜、間近に見たくなって工場まで歩いたこともあったっけ。

それがマンションの陰に隠れていつしか見えなくなった。改めて考えると、ものすごく寂しい。今、手元にやきそば弁当がある。この原稿を書くため本当に何年かぶりに食べてみた。ちょっと甘ったるいソースの香りも、塩ラーメンの素にそっくりな中華スープの味も以前とおんなじ。やや硬めの、渇いた感じがする麺ののど越しも変わらない。柄にもなく、寂しさが募った。

【マルタイラーメン】マルタイは福岡県福岡市に本社を置く、麺類を中心とした食品製造会社。１９５９(昭和34)年に中華麺の即席化に成功。同年11月に即席棒状ラーメンの元祖である「即席マルタイラーメン」の製造販売を開始した。麺とスープを2つの鍋で作る必要がなく、ひとつの鍋で全てが済む即席麺のパイオニア。

❖カステーラ&おやき

なぜか絶妙にマッチ ビタミンカステーラと牛乳

道内の特産や名産をいろいろ集めた東京は有楽町の「北海道どさんこプラザ」で、のけぞるぐらい懐かしいものを見つけた。その名もビタミンカステーラ。旭川で1917(大正6)年に創業した**高橋製菓**が80年以上作り続けている焼き菓子だ。1個80円(税別)。

いやあ、ビニール包装の表にはオレンジを基調にした帯が斜めに入り、ビタミンカステーラの文字が躍る。この字体がなんともエネルギーが脈打つような、そう、テレビアニメ「タイガーマスク」風の、野太くて角ばった字なのだ。

でもって、その上には誇らしげに「総裁賞受賞」の5文字。総裁とはどこの何の総裁なのか、いつどういう大会での受賞なのか、そんな

【高橋製菓】1917(大正6)年、旭川市で創業。1956(昭和31)年、ビタミンカステーラで全国菓子博覧会名誉総裁賞を受賞。旭山動物園の動物たちがモチーフの「どうぶつたちの淡雪サンド」も同社製。本社所在地=旭川市4の13【☎0166・23・4950】

ことはいんでないかいと全く注釈の付かないところが、なまら北海道だべさ！「本品は精撰せる砂糖・鶏卵・小麦粉・及び新鮮な蜂蜜入りの最高級品です」という説明書きがまた泣かせる。

菓子本体はといえば、全身がこんがり茶褐色に焼かれた細身のフォルム。普通のカステラの焼き目はもっと色が濃くてきついけど、これはほどほどに焼きましたという穏やかさを感じる。毎日子供が食べるおやつにちょうどいい、まさに庶民受けする外観だ。ギュッと押すと、カステラ本来の柔なスポンジとは違う、湿っぽいぬめっとした弾力。そこらへんの思いをカステーラの「ー」に託したのだろうか。

などと考えつつ、食べてみる。ほんわか、ふんわり、しみじみ甘い。かめばかむほど小麦の粉っぽさの中から、控えめな甘みがジワジワ真綿でくるむようにやってくる。と、粉っぽさは次第に口中の渇きを誘い、すぐに水気が欲しくなる。

思い出した！　そこで登場するのが牛乳だった。このお菓子を食べるとき、牛乳は絶対欠かせない。水や麦茶では、水分は補えても粉っぽさの残る団子状の菓子が口中で浮いたような感じになり、相性が悪い。コーラやジュースではそっちの甘みが強すぎ、カステーラの素朴な甘みが消されてしまってこれもおもしろくない。

ところが、カステーラをかみしめながら渇きを覚えたところで牛乳を流し込むと、とたんに粉っぽくざらついていた口中の団子が牛乳を吸い込み、スポンジの弾力が再びよみがえる。牛乳のコクと合わさって甘みもいっそう味わい深く感じられる。もちろん子供のころにそんな理論的思考をしていたはずもないのだが、ビタミンカステーラと牛乳の組み合わせが実に最強コンビだとは、誰もが経験として実感していたはずだ。

牛乳つながりでまた思い出した！　このビタミンカステーラとよく似た商品に、ミルクカステーラというのがあった。焼き上がりの色合いも細身の形も一緒、透明のビニール包装の表にオレンジを基調にしたタイトル帯も一緒、粉のざらつきを感じつつぬめっとした感触があるかみごこちも一緒なら、控えめな甘みも一緒だった。違いといえば「ミルク」の字体が「ビタミン」に比べて丸みを帯びていたのと、スズランの絵があしらわれていたことぐらいだろうか。

小学校まで住んでいた釧路で売られていたのはもっぱらビタミンで、中学校に入学するころ札幌に引っ越したら、いきなり似たようなパッケージがミルクとなっていたから、かなり驚いた。まあ、これだけ似ている以上、互いが互いを意識し合った商品ではあるのだろう。でも道産子はそんな細かいことは気にしないのだ。

改めて調べたら、ミルクのほうは札幌の**島川製菓**が1957(昭和32)年から売り出しているロングセラーで、もちろん今も健在。値段もビタミンと同じ80円(税別)だ。

またまた思い出した！　札幌の白石区は菊水にあるおやき専門の**平中**。58年から母娘3代に渡って焼き続けるおやきには、遅まきながら予備校生時代にはまってしまった。もちろん今も札幌に寄るたび、遠回りしてでも食べたい甘味の第1位だ。

いつからか、行列のできる専門店としてすっかり超有名になってしまったにもかかわらず、あん、クリーム、チョコの黄金トリオがいまだ1個70円(税込み)というのが、実にうれしいじゃないか。小麦粉に砂糖や卵が一体となった香ばしい生地は、カステーラとはまた違ったもっちり感だ。たっぷりあんこの詰まった熱々にかぶりつくたび、実はあんこの深い甘さ以上に《主役はいつまでもモチモチッと後を引くこの生地の粘り腰なのでは？》と思えてしまう。いかにもおやきらし

【島川製菓】もとは広島県で洋菓子を製造していたが、より良質な素材を求めて北海道へ。1957(昭和32)年、現在地に工場を設け、「ミルクカステーラ」の製造を開始。現在は2代目がその味を守る。本社所在地＝札幌市白石区東札幌2の2［☎011・823・8051］小売り販売も行い、日・祝日休。

いおやきなのだ。

あっ、この〝おやき〟という言い方も、北海道独特なんですよね。内地なら似たような焼き菓子は今川焼き、大判焼き、回転焼き、小判焼きなどが通称だし、長野のおやきは生地に砂糖や卵を混ぜないのが普通だ。中の具も野沢菜や切り干しダイコンだったりする。

今川焼きじゃなくおやき、カステラじゃなくカステーラ。こういうちょっとした内地とのズレをみんなで共有していることが、道産子にはたまらなくうれしいのだ。

【おやきの平中】 1958（昭和33）年に開業の老舗おやき屋。当時は隣に「菊水映画劇場」（1971年閉館）があり、その客を相手におやきを売り始めた。現在も2代目がその味を頑固に守っている。所在地＝札幌市白石区菊水7の2の1の2［☎011・821・2645］日曜休。

❖函館と札幌の山親爺

オールド世代の道産子なら誰もが知ってる丸缶

友達の家へ遊びに行く。居間の茶箪笥《ちゃだんす》、あるいは座卓に黒っぽい筒形の缶が置いてあり、いかめしい金文字で「山親爺」とある。オールド世代の道産子なら、誰もが知っている千秋庵のバターせんべい入り丸缶だ。サケ（鮭）を背負った《**ヒグマ**＝山親爺》がスキーをはいているユーモラスなマークが、よけいに親しみを感じさせる。

子供の頃は、どこの家にもなぜかこの丸缶があった。で、ふたを開けるとせんべいはすでになく、茶筒代わりになっていたり、別の菓子や薬が入っていたり、ペンやメモ帳が詰まっていたり。

うちの茶箪笥にも、もちろんあった。だが、やっぱり本体のせんべいはなかったし、いつ食べたかもわからない。買ったのかもらったの

【**ヒグマ**】クマ科の哺乳類で、ホッキョクグマ（シロクマ）と並ぶクマ科最大の雑食獣。アラスカや東欧、ロシア全域などに分布し、日本では現在、北海道にのみ生息。亜種「エゾヒグマ」が正式名称。漢字名は「羆」だが、北海道では「山親爺」とも別称している。

かもはっきりしない。父親はあられや**コマイ**（p97）など酒のつまみになりそうな乾きものをそこへまとめて放り込んでいた。

好んで食べた覚えもないのに、そんな原風景だけはしっかり記憶にある——これこそ「山親爺」が北海道を代表するロングセラー銘菓であることの証しだろう。丸缶は、道産子にとっては空気みたいなものだ。

最初に「山親爺」の作り主をただ千秋庵と書いたが、もちろんわけがある。札幌に長く住んでいた僕にとって千秋庵とは、駅前通りと狸小路が交差する角地に洋風のビルが立つ「千秋庵製菓株式会社」、通称札幌千秋庵のこと。創業は１９２１（大正10）年で「山親爺」の販売は１９６０（昭和35）年からだ。

ただし、千秋庵は札幌千秋庵が本家ではない。元をただせば何と幕末の１８６０（万延元）年に、初代が函館で開業した千秋庵総本家がまさに元祖なのだ。ここから小樽千秋庵、旭川千秋庵、釧路千秋庵が明治から昭和の初めにかけて独立し、その小樽千秋庵の職長が札幌で開業したのが札幌千秋庵だ。つまり札幌は、のれん分けののれん分けになる。

その後、札幌千秋庵からさらに帯広千秋庵が独立、１９７７（昭和52）

年にのれんを返上して社名を改めたのが、「マルセイバターサンド」でお馴染みの現「六花亭製菓」だ。これら本家分家のうち、今残るのは函館の総本家、札幌千秋庵、旭川千秋庵、六花亭の4つ。ざっとこんな流れをおさらいするだけでも、まず函館から東へ東へと開けた北海道の歴史が読み取れる。

実は「山親爺」は札幌千秋庵だけのものではなく、函館の総本家がやはり同様に「元祖　山親爺」を焼き続けている。ホームページには、「昭和の初めから80年間作られてきた、函館らしい和洋折衷の洋風のおせんべいです」と記し、「4代目が開発して全道の各千秋庵に製法を伝えた」ともある。ならばただ今、札幌と函館、それぞれの山親爺にどんな違いがあるのか。例えば札幌の35枚入り丸缶にはミニヒグマ人形が入っているとか、函館は一枚一枚がひとまわり大きくて厚いとか、札幌には角缶があるとか外観の細々した差は色々ある。

でも、特におもしろいのはヒグマの焼き型。函館のヒグマは背中や膝をやや丸め気味にしてスキー板もほぼそろっているが、札幌のヒグマは背中と膝が伸びてスキー板が離れている。つまり函館ヒグマは**クリスチャニア**もイケそうなベテラン、札幌ヒグマは何とか**ボーゲン**で

【クリスチャニア】ノルウェーの首都オスロの旧名から名づけられたスキー技法の一種。体重の移動によって回転する滑り方で、現在で言うターンのこと。スキーを平行にそろえて滑る技法をかつてはパラレル・クリスチャニアと言っていた。

しのいでいる初心者だ。スキーの腕前の先輩後輩がそのまま総本家と分家の関係に対応しているとは出来過ぎなんでないかい。

だが一番の違いはやはり味だ。函館の力強く濃密な甘みに対し、札幌はやや軽い甘み。香ばしさは函館のほうがかなり強く、札幌にはソフトな弾力がある。要するに函館の山親爺は剛力のコクがあって男性的、札幌の山親爺は軽やかで女性的なのだ。

もちろんどっちもバターせんべい、原材料も小麦粉、砂糖、卵、バター、牛乳と大差はないし、どこか洋風な甘みとザクリとしたかみ心地は共通している。それでも食べ比べると《全然違うっしょ！》と思えるところに、函館、札幌それぞれの山親爺が培ってきた誇りが見て取れる。

この原稿を書く際、念のためと思って両社に直接、それぞれの山親爺の特徴と違いを尋ねてみた。「手前どもは手前どもの山親爺を作り続けているだけで、先様のことについてお話する立場にはございません」。奇しくも両社から同じ答えが返ってきた。

【ボーゲン】 ボーゲンとは、本来ジグザクに回転することを意味する。普通はスキー板を「ハ」または「八」の字にする形の「プルーク」と組み合わせた「プルークボーゲン」の略称として、速度を落として回転する初心者向けスキー技法を指す。

❖タツの味噌汁

こんなに汁かけ飯が旨いって思う俺ってど〜よ？

冬の秋田へ出張し、繁華街の安そうな地下食堂で昼飯を食べようとメニューを見たら〝だだみ定食480円〟というのがある。「おねえさん、この〝だだみ〟って何？」、「タラ（鱈）の白子さ。菊子とか雲子とも言うけど、こっちじゃだだみ。旨いんだよ〜」。

おっ、タラの白子なら大好物、道産子的にはタツ、タチ、もしくはキクだ。湯通ししたものをポン酢でやるのもいいし、香ばしくちょっぴり焦げ目をつけた焼き白子もいい。天ぷらもオツだ。どう調理しても牡丹の花びらみたいなひとつひとつの房に、ネットリとコクのある旨みと甘みが凝縮している。

さてさて、これがどんなおかずになって登場するのかと待ち構えていたら、出てきたのはご飯と味噌汁、それに漬け物だけ。「あれっ、おかずは？」、「何言ってんの。おかずは味噌汁の中の、そのだだみじゃないの」。そうなのだ、この店のだだみ定食とは、文字通りだだみの味噌汁だけで飯を食らう、極めてシンプルなものだったのだ。確かに汁は丼にたっぷり盛られ、だだみに加えてタラの身、豆腐やダイコン、ニンジンなどの具もわんさか入り、周りの皆さんも結構これを頼んでいる。

で、汁をすすりながらご飯と具を黙々とやっつけるこの感じ、いいんですねえ。最初はだだみやタラの身やダイコンを汁から拾ってはおかず的に食べるわけだが、そのうちレンゲにすくったご飯へ汁をたっぷりなじませたり、ご飯茶碗に汁や具をドバッとぶっかけたり、逆にご飯を汁へ無造作に投げ入れたり、どうにもワイルドに食い散らかしたくなる。

《ちぇっ、定食というからにはおかずが何品か付かなきゃカッコつかないっしょ！　せっかく秋田さ来て味噌汁ご飯だってかい。情けないべ、ったく。はあーっ、わびしいわびしい……んだけど、何だか切ないくらいに旨いやい、コンチクショー！　こんなに汁かけ飯が旨い俺ってど〜よ？》。

そのときの心中を記せばこんな感じだ。だだみ、いや、タツの味噌汁、ただそれだけでしみじみ旨いッと感じ入る自分に、実は既視感がある。小学校時代を過ごした釧路の夕げで嫌と言うほど出てきた。親はタツのことをなぜか「タツノオトシゴ」と呼んでいたが、冬場は来る日も来る日もこの味噌汁か三平汁ということがあった。しかも、秋田のだだみ定食と決定的に違うのは、うちの汁はタラの身が全く入らず、めいっぱいタツオンリーなのだ。

つまりですね、当時うちは自宅を改装して八百屋を自営しており、鮮魚も扱っていた。市場から**スケトウダラ**や**マダラ**を丸ごと仕入れ、適当に捌いて売るわけですが、切り身は生で売れ残っても粕漬けや味噌漬けにしたり、時には焼いて売ったり、ある程度日延べが効いた。でもタツは身より足が早くてそうはいかない。売れ残ったら即我が家の汁物の具になるのである。ま、当時はタツはタツでもほとんどはスケトウダラのタツ。マダラのタツに比べれば小粒だし、コクも薄い。それにいつまでも熱を通し過ぎると白子特有のクリーミーなネットリ感が消え失せ、パサパサとざらついた感じになってしまう。だから汁

【スケトウダラ】 漢字名は「介党鱈」。北海道ではスケソウダラ（助宗鱈）、スケソなどとも呼ばれているタラの一種。身や白子よりも卵巣（魚卵）を塩蔵にした「タラコ」が珍重され馴染みも深い。水産関係者はマダラの卵巣と区別するため「タラコ」をスケコと呼ぶ。九州や朝鮮半島あたりではこの魚を明太（メンタイ）と呼び、その卵巣を明太子（メンタイコ）と呼ぶそうだが、加工後は、唐辛子の有無などで味が異なる。

物にするときは火が入るか入らないかぐらいのギリギリの点を見切り、以降は火から即降ろして一気呵成にわさわささすするのが肝心なのだ。このギリギリを量る勘が母親は絶妙だった。連日作るうち、ほとんど条件反射みたいに、タツがプクンと張りのある膨らみを保ったまま火が入る限界点をつかんでいたっけ。

さて、いくらタツ好きの子供だからって、いつもその汁物ばかり食卓に乗っかるのはさすがにちょっと……ということも、そりゃあった。考えてみれば、あのころは道立水産試験場がスケトウダラを冷凍すり身にする技術を開発して間もない頃で、漁獲量もグンと増えていた時期だ。単に「うさみ商店」の問題ではなく、市場全体としても、タツばかりが余ってだぶつくような状況だったはずだ。実際、タツの味噌汁にタツフライ、タツの塩焼きがいっぺんに食卓に出てきた日も覚えている。

普通ならこれがトラウマになってタツは見るのも嫌！ってこともあるのだろうが、僕に限ってそんなことはなく、タツはやっぱり大好物である。これじゃあタツノオトシゴならぬ、タツノ申し子だってか。

【マダラ】漢字名では「真鱈」と書く、全長1メートルに達する大型の白身魚。北洋を中心とした寒流系の深海魚で、名称も本来は魚体のはん点が斑(まだら)であることに由来するという。淡白な味の白身魚で、精巣（白子）はいまや貴重な高級品。また、北海道名産の昆布とコンビを組む冬のタラチリ鍋は最高！

❖わかさいも

和菓子でサツマイモをパクろうというあっけらかん

昔から、僕の北海道土産は黄金のワンパターン「**わかさいも**」である。たとえロイズの生チョコやマルセイバターサンドを頼まれても、結局買って帰るのはこれ。要するに自分が好きなのである。

５、６年前だったか、札幌の実家で深夜にぼんやりテレビを見ていたら、わかさいものＣＭをやっていた。女の子が頭上から「わかさいも〜♪」と声を張り上げると、道行く老若男女のうち道産子だけがビビッと反応して空を見上げる。そして「道産子のＤＮＡ！」というナレーションが。

いかにもローカルな安直さに苦笑しつつ、でも「確かにナ」と思った。よくよく考えても、お土産としてこれほど北海道らしい商品もな

【わかさいも】 北海道を代表する銘菓のひとつ。黒松内駅で「わかさいも」の前身「やきいも」を販売していた若狭函寿が、１９３０（昭和５）年に洞爺湖温泉へ移住、「わかさいも本舗」の前身である「わかさや」を開業。その後「やきいも」の名を「わかさいも」と改称した。

いんでないかい。サツマイモとは無縁のジャガイモ王国でわざわざ〝本物を超える〟焼き芋もどきを作ろうという天邪鬼な発想が、フロンティアスピリッツそのものなのだ。

で、改めて実物を眺めれば、これが結構手間暇かかっている。まず表面の焼き色も香ばしい薄皮。製造元「**わかさいも本舗**」のホームページによれば、丁寧に漉した卵黄に醤油を混ぜたものを均質に吹き付けてこんがりオーブンで焼くのだという。実は甘い和菓子に醤油を使うケースは、あるようでほとんどない。もうこの工夫だけで道産子のボルテージは確実に上がる。

でもって地元洞爺湖周辺の**大福豆**で仕上げた白餡の、ホクホクした優しい甘みもさることながら、この甘さをグッと引き立てているのが、細切りの糸昆布（金糸昆布）だ。これでサツマイモの繊維質を表現し、その塩っ気で餡の甘みを強調する――はっきり言ってこんな妙ちきりんなアイデア、普通は考えつきませんって。

突然だが、僕は常々日本列島各地の風土を血液型に見立て、本州は安定感のあるA型、九州・沖縄が攻撃的O型、四国が複眼思考的AB型、そして北海道は天邪鬼的B型と勝手に考えている《ちなみに自分

【わかさいも本舗】 洞爺湖温泉街西側湖畔の「洞爺湖本店」が総本店的存在。1階は売店・喫茶室で、2階が和食レストラン。本店所在地＝胆振管内洞爺湖町洞爺湖温泉144［☎0142・75・4111］無休。なお、登別温泉手前に工場併設の「登別本店」がある。

【大福豆】 インゲン豆の一種。インゲン豆は品種改良が進んで種類が豊富。さらに大福豆自体も「大福」「洞爺大福」などの品種がある。大福豆は種皮だけでなく、へそまでが真っ白で、豆きんとんの材料として有名。甘納豆や和菓子の原料としても需要が多い。

もB型》。

つまり、和菓子でサツマイモをパクろうというあっけらかんとした創意、糸昆布で繊維質を補おうという強引な展開、素朴なようで洗練されているかのような〝とかいなか〟的見栄え、そんな個性がB型的道産子気質に強く訴えかけるからこそ、1930（昭和5）年に生まれたこのお菓子がロングセラーであり続けているのだと思う。

札幌の円山公園界隈に、石とコンクリートの質感を素直に強調した外観の、瀟洒なフレンチレストランがある。店名は「**コートドール**」。1990年開業のこのグランメゾンを最初に訪ねたときは、アドレナリンが上がりっぱなしだった。

そそり立つ宮殿風の円柱オブジェ、厳かな細身の螺旋階段、あちこちにニョキニョキ飾られた前衛的生け花、ゆったり広いメーンダイニングに降り注ぐ柔らかな自然光……。非日常的高級感をこれでもかと演出しながら、でもなぜかお高くとまっていない。支配人兼ソムリエ福田隆治さんの終始軽快でにこやかな物腰とあいまって、この手のレストランにありがちな堅苦しさが全くないのだ。

ひとつひとつの料理やワインについては敢えて触れない。ただ、ラ

【レストラン コートドール札幌】北海道神宮にほど近い、閑静な住宅街の一角にある本格フレンチレストラン。所在地＝札幌市中央区宮ヶ丘1［☎011・614・1501］月曜休（祝日は営業）。

ンチのコースは2000円からあるし、時と場合によっては小さな子供連れでの訪問にも応じてくれる。実際僕は、ここで小学生未満の甥っ子4人を含む総勢9人の夕食を経験した。何しろちびっ子連中はじっとしていないし、コースを順番に平らげる素振りもなかった。だが、それでも余裕ある空間の一角で何とか全体の空気を壊さず、大人連中は2本のワインを開けながら3時間の長居を楽しんだのである。

実はこのコートドール、わかさいも本舗のグループ会社が運営している。道産子のDNAへ訴えかける昭和生まれの和菓子と札幌が誇る平成生まれのフレンチレストランの根っこが同じとは、実に痛快じゃないか。

❖まりも羊羹《ようかん》と五勝手屋《ごかってや》羊羹《ようかん》

異界に異形の食が生まれるのはまさに自然のなりゆき？

阿寒湖と言えば**マリモ**、マリモと言えば**まりも羊羹**、と釧路生まれの僕は無条件に連想する。子供の頃から釧路のデパートでよく見ていたから、少なくとも40年以上のロングセラー。しかし、改めてよく見ると実に奇っ怪なお菓子ではないか。マリモに似せるため、わざわざピンポン球ぐらいの球形にし、深緑の着色を加える。

羊羹をそこまでいじり倒すきっかけは何だったのか。今、手元にある商品の原材料名欄には「青色1号」「黄色4号」「黄色5号」の文字。どれもよくある人工着色料なんだけど、混ざると確かにあのマリモの色になる。学校の黒板みたいな色合いと言えばいいか。

で、これがなぜか風船みたいなゴム製の外皮にピチッと包まれてい

【マリモ】マリモ（毬藻）は、球状の集合体を作ることで知られる淡水性緑藻の一種。特に阿寒湖のマリモ（学名はAegagropila Linnaei）は、美しい球状体を作るため、国の特別天然記念物に指定されている。生息地に近い阿寒湖のチュウルイ島に「マリモ展示観察センター」があり、5月上旬～11月中旬まで見学可能。遊覧船利用で約10分、入館有料。

るのはご存知のとおり。食べるときは爪楊枝なんかで穴を開け、伸びきっていたゴムが電光石火の早業でシュルッと縮み、ツルンとそぼ濡れた丸い球が顔を出す。何ともおもしろいが、なぜそういう仕掛けにしたのかを考えあぐね、しばし呆然としてしまう。

こんな〝ヘンテコ〟菓子がロングセラーなのである。大体からして製造元は昔から阿寒湖周辺にはなく、大半が十勝の帯広市内にあるっていうのも奇っ怪。ま、十勝は餡の原料になる豆類の産地だからもともと菓子業者が多い。でもそれならむしろ阿寒に近い北見あたりの業者《こっちも豆類の産地だし》のほうが適当だべ?とも思う。と、くどくど書いたが、要するにまりも羊羹のわけのわからなさは、マリモ自体の奇怪さともどこか通じる気がする。

マリモが国の天然記念物で今や「絶滅危惧I類」に入る超貴重な生物であることは、道産子ならまあ常識だろう。でも、「じゃあマリモっていったい何なの?」と聞かれてちゃんと答えられる人って、ほとんどいないんじゃないでしょうか。マリモは「美しく、かわいく、神秘的」と言いながら、少なくとも小学校低学年で初めて実物を見た僕には真逆の印象。あれが生物体であることに不気味さえ覚えた。旧阿寒

【まりも羊羹】そもそもは、札幌で洋菓子専門店を営んでいた西村食品工業（2003年まで営業）の専務だった沢村重一さんが、大通公園の屋台で売られていた、ゴム風船にイチゴ水やメロン水を入れて凍らせたヨーヨー状の氷菓子からヒントを得て考案。1952(昭和27)年に15個入り300円で発売。その後、様々なメーカーが後発で製造している。

町(現・釧路市)のマリモ専門学芸員、若菜勇さんにそのことを話すと、おもしろい答えが返ってきた。

マリモはあの丸いひとつが個体なのではなく、糸状に1本1本育った藻が次第に球状にまとまった集合体なんです。普通ならそのまま育って一生を終えるはずが、唯一阿寒湖の、ある一定の場所では水流など諸々の奇跡的偶然が重なって糸同士が丸まる。そういう意味でマリモは一種の奇形なんですね。

《あっ!》と思った。美しいとかかわいいとかの前に、マリモという生命体が異形の生き物だから、それを模した和菓子もまた異形の印象を抱えているということなのだ。ここで北海道を代表する羊羹、江差の**五勝手屋羊羹**を思い出す。1870(明治3)年創業の五勝手屋本舗が道内産金時豆で作るいわゆる丸缶は、そのふくよかな甘みもさることながら、いかにもレトロなデザインの赤い筒に収まった形状がまずはユニーク。そう、円筒の羊羹というのも内地から見れば明らかに異形ではないか。なぜ円筒なのか。当の五勝手屋本舗の説明はこうだ。

かつての職人さんの証言だと昭和15～16年ごろ、紙の筒にブリキでふたをした丸缶を作り出したようで、戦争でいったんやめた

【五勝手屋羊羹】北海道産の天草の寒天と金時豆を使い、砂糖と水飴を加えて仕上げる五勝手屋本舗の筒型羊羹。一部機械化されたが、昔ながらの製造方法は今もしっかり受け継がれている。所在地＝桧山管内江差町本町38[☎0139・52・0022]第3火曜休(祝日は営業、12月無休)。

のを30年ごろ再開したんです。ただ、なぜ円筒形にしたのかは、よくわかりません。竹筒のすり流しからの連想か、汽車の長旅用に持ち運びや食べやすさを考えたのか……。

まりも羊羹も丸缶も、要は道産子の異形なものへの大いなる好奇心が底に見えるような気がしてならない。

ブラキストン線という言葉をご存知か。ニホンザルやツキノワグマやカブトムシなど内地ゆかりの動植物は津軽海峡が北限。そこを超えるとヒグマにキタキツネにエゾシカなど新たな固有種が出現する、動植物分布の特徴的な境界を指した言葉だ。

生態系だけじゃない。瓦屋根にはトタン屋根、招待制披露宴には会費制の結婚祝賀会、林間学校に対してはスキー遠足、それに梅雨の有無。内地から見れば津軽海峡を隔てた北海道の風土はどう考えても異界だ。異界に異形の食が生まれるのは自然の成り行き。その一端が丸缶であり、まりも羊羹と考えるのは屁理屈か。小豆の黒っぽい羊羹とは全く違う、まるで琥珀色した透明感のある丸缶の中身を眺めれば、これは異形だからこその存在感と思わざるを得ない。

北のハモ

ハモドンという言葉の響きも何だかユーモラス

四国は徳島市の郊外、田んぼや蓮根畑が広がる人けのない田園地帯に、忽然と趣のある渋い一軒家が姿を現す。日本料理の「**夏見**」だ。初めて訪ねたのは2003年7月夜。目前の蓮沼の幽玄なたたずまいに見とれ、丁寧に組み立てた献立の、傷ひとつ無い誠実な味わいに身も心も満足した。

中でも印象的だったのが**ハモ**（鱧）の吸い物。関西文化圏では鮎と並ぶ夏場の味覚の両横綱だ。見事な等間隔（2ミリ）に骨切りされた肉厚の身が、牡丹の花のように丸みを帯びてお椀に収まっている。

ハモの中骨と昆布で取っただしをはんなり効かせた吸い地を口に含みつつ身肉へかぶりつけば、一瞬、魚とは思えない荒々しいまでのコ

【夏見】予約制の日本料理店。ランチタイムもある。車では徳島駅から15分、徳島空港から10分。所在地＝徳島市川内町平石若宮189の8［☎088・665・7815］不定休。

【ハモ】ハモ科の硬骨魚で主に南日本に分布する鱗を持たないウナギ型の海魚。北九州ではウミウナギの別名も持つ。北海道の釣り魚などで一般にハモと呼ばれているのは、アナゴ科のマアナゴであることが多い。

クが広がる。そのくせウナギより後口はさっぱりしていて、繊維の細やかなアナゴとも全く違うモッチリ感がある。

以来この魚の虜となり、毎年時季になると徳島へ出向いて件の吸い物をするか、あるいは夏見製の骨切りハモとだしを航空便で送ってもらい、汗をかきかき自宅でハモしゃぶをやっつけないことには、夏を過ごした気にならないのだ。

それにしても、道産子にとってそれほど縁のないハモが、なぜこんなになじむのか。よくよく考えたら記憶が目覚めましたねえ。ハモ、実は子供の頃、食べていたんです。ただし、ハモはハモでも関西文化圏のハモとは似ているようで別種の**カラスハモ**、クロハモとも呼ばれる魚だ。

日本では北海道を中心とした太平洋沖に生息する深海性(対してハモは本州中部以南の沿岸性)で、超細身の体長は50センチ～1メートル、頭部は口が目の後方まで大きく裂け、鼻先はちょっと湾曲しており、まん丸の目をカッと見開いている様はまさにカラス。全体的な印象はハモそっくりだが、表面が茶褐色のハモに比べ、カラスハモはヌメヌメと黒っぽい。

【カラスハモ】 ホラアナゴまたはイラコアナゴの地方名で、ホラアナゴ科の深海魚。釧路の炉端焼きの元祖といわれる「炉ばた」=☎0154・22・6636(日曜休)」では、このハモを焼き物の定番メニューにしている。また、根室管内羅臼町にある「たべ処　いわみ」=☎0153・87・3099(不定休)」でもカラスハモを使った「ハモ丼」を通年提供。

これが例えばキンキやメヌケなどの網に混獲されることがあり、釧路に住んでいた小学生の頃は時々食卓に上った。ハモ同様に小骨が多いので、身を裂いたら中骨と垂直方向に細かく包丁目を入れて骨の当たりを和らげる作業が要る。プロの料理人ならば、ハモ専用の骨切り包丁(刃先からみねまでの幅が大きく、重い。ざっと値段は10万円前後)を使うところだろうが、もちろん母親はフツーの出刃包丁で済ませていた。

これを醤油、酒、みりん、砂糖、山椒などを合わせた蒲焼風のたれで付け焼きにしてどんぶり飯に乗っけ、余ったたれを回しかければハモ丼の出来上がり。プルンとゼラチン質の皮下脂肪がひっついた皮目のジューシーかつ香ばしい舌触りと、身肉のチリチリと弾けるようなかみ心地。深海の魚介らしい濃厚な脂のコクと甘辛のたれが相まって、食べ盛りの子供としては、当時最強の丼だ。ハモドンという言葉の響きも何だかユーモラスだったなあ。

今もカラスハモは漁師町では知る人ぞ知る魚で、ネットで検索したら知床、釧路、室蘭、登別などで看板メニューにする料理屋があるようだ。出来ますものは丼だけじゃなく、天ぷら、柳川風、すり身ムースなどとなかなか多彩。地元のスーパーや鮮魚店には切り身が並ぶこともあり、値段も100グラム40~50円ぐらいと割安らしい。ハモが依然健在であることを知ったオジサンは、素直にうれしいのである。

そういえば、北海道、特に十勝の特産に**ナガイモ**（長芋）ってありますよね。別名とろろ芋。これに豆腐や蓮根なんかを加え、海苔をひっつけて油で焼くか揚げるかするのが、いわゆるウナギもどき、精進料理のひとつだ。何しろナガイモの別名は「山の鰻」なのだ。

うちでも昔はこれをよくやったが、昔のナガイモって今よりアクも強かったし、もちろん漂白なんかもされていなかった。すりこ木ですれば手がかゆくなるし、とろろご飯をかっ込めば口のまわりがかゆくなる。でもそのぶん風味が濃厚で粘りも強く、だから〝もどき〟を作る際も豆腐や蓮根のつなぎは無用、せいぜい片栗粉を加えるだけで良かった。

で、これを蒲焼風にしてどんぶり飯に乗っけたものを何と呼んでいたか。そう、「とろろのハモドン」だった。

【ナガイモ】ヤマノイモ科のツル性多年草で中国原産。日本へは17世紀以前に渡来した。北海道のナガイモは、その年の秋に収穫するものと越冬させて春に掘るものがあり、通年出荷されている。

❖カツゲン
甘さと酸っぱさが濃厚なのになぜか飲み口あっさりでゴクゴク

オープンリールの録音テープに残っている声はまるっきり純朴で、快活で、天真爛漫そのものだ。

♪きれいでしょうワタシ　ママだって若いでしょう
そのヒミツ　これなの　カツゲン！
カツゲン飲んだら　いつも元気
カツゲン　カツゲン　雪印カツゲン！

1948（昭和23）年生まれの、アイヌ文様刺繡家にして文筆家でもあるチカップ美恵子さんが、小学校高学年だった頃の歌声。亡き母がつれづれに歌うアイヌ民族独特のウポポ（歌舞）を収めたテープの中に、当時ラジオで流れていたCMソングをふざけて歌う彼女自身の声が入っていた。僕も聴かせてもらったが、まあ屈託がないというか、天然というか。「10代になったばかりの私って、やっぱり能天気で幸せだったんだなって、妙にうれしくなっちゃって」。そうチカップさんは明るく笑うが、コトはそう単純じゃない。

この頃、チカップさんは、釧路市南東の春採湖畔近くに住んでいた。彼女から13年遅れて釧路に生まれた僕が通った小学校にも、アイヌというだけでいじめられる同級生が確かにいたし、チカップさん自身、「小学校に通うのは針のむしろに座りに行くようなものだった」と振り返る。なのに、カツゲンのＣＭソングを歌う声はどこまでも明るい。それだけで、この北海道独特の乳酸菌飲料がどれほど道産子に身近な存在だったたか、そこらの記録を手繰るよりよっぽど明快だと思う。

ヤクルトよりマミーより**ローリー**より甘さと酸っぱさが濃厚なのに、なぜか飲み口はあっさり感じてゴクゴクいける、まさに道産子の元気の源。当時はどこの家の軒先にも、たいてい雪印の牛乳箱があり、牛乳とセットでふた回りぐらい小さいカツゲンの寸胴型小瓶が並んでいた。

カツゲンの発売開始は１９５６（昭和31）年。雪印乳業から飲料事業

【ローリー】 ヤクルトに並ぶ定番の乳酸菌飲料「ローリーエース」のこと。１９７３（昭和48）年に雪印乳業から発売された。現在の発売元はカゴメラビオ。

を引き継いだ**日本ミルクコミュニティ**のホームページには、

活力の源で「カツゲン」と命名いたしました。「活素（カツモト）」という名前で、昭和13年に傷病兵と軍需工場向けに販売され、昭和20年頃「活源」という名前になったようです。

とある。ただし、この間の経緯に関しては諸説あるようだ。たとえば、北海道のおもしろ情報を満載しているサイト「なまらむ〜ちょ」(http://www.ne.jp/asahi/ys/namaramuchyo/) の「カツゲン誕生秘話」では、カツゲンは雪印とは別のメーカーが新規に開発したものとして、当時の販売担当者（なんとカツゲンの名付け親でもあるとか！）本人の証言も紹介している。

いずれにしろ、この手の乳酸菌飲料としてメジャーなヤクルトの北海道上陸を防ぐために発売され、当初は内地でも出回ったというのにその《くどい甘さ？》が受け入れられず、結局は北海道限定の飲み物として今もしぶとく生き残っている――という流れは、コカコーラに対抗して生まれたコアップガラナ（p172参照）とそっくりだべさ。

でもコアップガラナは今もコアップガラナなのに、小瓶のカツゲンはいつの間にか紙パックのソフトカツゲンになっちゃってるわけ。

【日本ミルクコミュニティ】 2003年に設立された、メグミルクブランドの牛乳、ヨーグルト等の製造・販売を行う東京に本社を持つ会社。メグミルクとは「自然の恵み」と「ミルク」を組み合わせたコーポレートブランドである。

確認したら〝ソフト〟になったのは１９７９（昭和54）年、僕が高校3年の時だ。インベーダーゲームが大流行し、ウォークマンが発売となり、札幌の豊平川へ25年ぶりにサケが遡上した年。世はおしなべて重厚長大から軽薄短小へと移り変わり、世の男の不甲斐無さを逆手にとって、さだまさしの「関白宣言」が大ヒットした。

カツゲンよ、お前もか――ってわけで、ここから先、昔の強い甘みやクセは段々とソフト路線へシフトしていったんですね。

そりゃあもちろん、今のソフトカツゲンだってヤクルトと飲み比べてみれば、依然甘みが強いと思う。原材料名を見ると、ヤクルトの甘みは《ぶどう糖果糖液糖、砂糖》に対し、カツゲンは《砂糖、異性化液糖、水あめ》と来て《酸味料》も入っている。それだけカツゲンのほうが甘さを強調する成分が複合的なのだ。

時代に合わせて味を変えてこそのロングセラーだから、今のカツゲンがソフトになるのは十分わかる。わかるんだけど、昔の甘ったるさも恋しくてしょうがない。小さかった頃のチカップさんが日々の憂さをいくらかでも晴らした、その濃い甘さを、もう一度共有してみたいのだ。あのテープの歌を聞いて、なおさらそう思う。

❖焼きジャガ茹でジャガ

茹でたてホクホク、焼きたてガブッ 気分はなまら北海道！

オジサン（筆者のこと）、ジャガイモもホントによく食べました。

一番シンプルなのは焼きジャガ。ルンペンストーブに石炭をつかむ火バサミを置き、そこへ小ぶりな**男爵《だんしゃく》イモ**をアルミホイルに皮ごとくるんで乗せる。時々前後左右を返しながら、20分ぐらいで焼き上がり。時間はかかるがこれがなんともサクリかつホッコリ、デンプンの濃い緻密な旨みが出尽くして、塩だけで十分いける。

実は、現在の僕の実家は札幌で、21世紀に入ってもしぶとく石炭ストーブを使っていた。このストーブのすごいところはズバリ、遠赤外線効果だ。部屋が暖まっていなくても、そばにいると遠赤効果で体の芯がジワジワ火照ってくる。至近距離でこの熱を浴びるジャガイモ

【男爵イモ】日本における ジャガイモの代表品種。1908（明治41）年、函館近郊の農業主だった川田龍吉男爵が、英国から種イモ（アイリッシュ・コブラー）を輸入したのが始まり。今も北海道の今金町、京極町、倶知安町が主産地で、全国生産の約90％を占める。

だっておいしくないわけがない。

イモだけじゃない、食パン《あっ、道産子は角食か》もおにぎりもスルメやコマイも、子供の頃は全部ルンペンで炙ったなあ。いたずらついでに、カルビーのかっぱえびせんや**サッポロポテト**を焦げ目がつくほど炙って、これも絶妙に旨かった。

で、焼きジャガの次にシンプルなのが茹でジャガ。もちろん皮は付けたままがいい。というか、当時のオジサンは皮もそのままむかずに食べていた（焼き、茹で共に）。皮、ちょっと土臭い蒸れた匂いがおいしくなかったですか？　特にジャガバターで食べるときは断然、皮付きのほうに味わいがあった。中の身はもちろんおいしかったが、ともすれば単調になりがちなモソモソとしたその食感を、バターの染みた皮の一風変わったかみ心地がちょこっと押し隠してくれる感じ。

もちろん、粉ふきイモもよくおやつに出てきた。こっちは皮をむいたイモが茹で上がったら鍋の水を捨て、さらに鍋ごと火にかけてあおりながら蒸気を飛ばす。するとイモの表面が乾いてモロモロとはがれ落ち、しまいにはサラサラの粉状になって四散する。これも本体のモソモソ感を、サラッとした粉の粒子が一瞬洗い流してくれそうなとこ

【サッポロポテト】1972（昭和47）年に発売されたジャガイモのスナック菓子。つぶつぶベジタブル味は6種類の野菜入り生地へ、さらに野菜つぶを加えている。

ろに妙味がある。

と、ここまでジャガイモの味付けに使ったのは塩とバターだが、もちろんオジサン世代の道産子はそれだけじゃない。まず代表的なのがイカの塩辛。これは最強コンビと言っていいほど両者の相性はいい。要するにイカの身のガムっぽいかみ心地とイモの粉っぽさって、真逆の組み合わせなんですね。互いに足らざるところを補い合うおしどり夫婦みたいな感じ。さらに塩辛の肝のコクがジャガイモの土臭さを上手にくるんでくれるのだ。

お次はマヨネーズ。これはポテトサラダに進化する前の原始ポテサラ的組み合わせだ。マヨネーズは《えっ？》と思うくらいたっぷり、個人的には一味かコショウを添えたい。ホコホコのジャガイモをくるむマヨネーズのコッテリ感と酸味、たまりませんなあ。

醤油イクラ（イクラの醤油漬け）。これがまた塩辛とは一風異なる塩気と深みなんですねえ。あっ、是非とも皮なしの粉ふきイモでどうぞ。イクラの皮がプチッとはじけ粘度の高い旨みがにじみ出る、その汁が口中で直接〝粉〟に吸い込まれて合体する感じがいい。この時ばかりはジャガイモの皮は邪魔になるわけです。

魚卵系では辛子明太子も。もちろんタラコもありなんですが、ここにパンチのある辛味が加わると、どしっとその辛味を受け止めるジャガイモの土臭い甘みが俄然引き立ってくる。味付けは極力シンプルにというのが食に関する僕の大原則だけど、これについては辛子明太子＋バター、辛子明太子＋マヨネーズも大いに結構だ。ちなみに塩辛＋バターは一瞬良さげなんだけど、塩辛の味の加減で合う合わないの微妙なところが考えどこだ。

ほかにも安い練りウニ（敢えて安っぽいほうがジャガイモの味がよく出る）、高菜漬け（特に汁気の多い葉っぱ部分）、クリーム系のチーズ（海苔を巻くか散らすかしても）などなど、ひと味、もしくはふた味足して食らうジャガイモの醍醐味を皮膚感覚で知っているかが〝道産子指数〟を図る物差しにもなるのです。

最後に掟破りかも知れませんが、マルちゃんラーメンの味噌か塩の粉末調味料が余っていたら、ホクホクの茹でたて（焼きたて）の断面にちょっとなすり付け、粉末が溶けかかったころにガブッといってください。気分は〝なまら北海道！〟になること請け合いです。

第2章

なるほど系

どさんこソウルフード

艶やかなライトグリーンの輝き 釧路風がマイナーと知ったのは…

❖緑色の蕎麦《そば》

小学校までを釧路で過ごした僕は、そば（蕎麦）の麺はもともと緑色だと思いこんでいた。何しろ市内で一番有名な春採湖畔にある**竹老園**では、普通にもりそばやかしわそばを頼むと、ライトグリーンと言いたくなるくらいの、明るい緑色をした麺が出てくる。

竹老園は市内に幾つもある東家の総本家だから、東家の暖簾が翻る店は大半がやっぱりこの色だ。当時は駅前の立ち食いそばもきっぱり緑色だったし、八百屋で売っていた乾麺も印刷されたみたいに奇麗な若草色だった。その名も「グリンめん」。グリーンと音を伸ばさないところに懐かしさが出てませんか?

ネットで検索したら、グリンめんは今も健在だった。十勝の清水町

【竹老園】正式名称は「竹老園東家総本店」。釧路で伝統の味を守り続ける創業130年余りの老舗である。所在地＝釧路市柏木町3の19［☎0154・41・6291］火曜休。

にある**田村製麺工業**が作り続けており、更科グリン蕎麦、グリンそうめんなる商品もある。少なくとも釧路を核に、道東に局地的な緑色の麺文化が連綿と続いているのは確かなのだ。

そばっ食いの僕は、そばの実の中心部分のみを挽いた更科系の白っぽい麺も、あるいは外皮ごと挽きぐるみにした田舎系の黒々した麺も大好きだ。

しかし釧路を離れて最初にこれら〝異物〟を目にした時は《こりゃそばとは名ばかりのまがいもんだべ？》と大いに疑った。何でおんなじ北海道なのにこんなに色が違うのか。だいたい《道都の札幌にそば寿司（そばののり巻き。酢醤油風の下地に付けて食べる竹老園の名物）がないのもおかしいべさ！》などと毒づいた。あの緑色の正体が実はそば粉に粉末のクロレラを練り込んだ着色で、釧路風のほうがマイナーと知ったのは、20代もとっくに過ぎてからだった。

ところがである。東京は神田淡路町にある1880（明治13）年創業の**かんだやぶそば**で、せいろうそばを頼んで目を剝いた。《おおっ、竹老園とおんなじ緑色じゃないの！》。バーコードみたいにハラハラ薄く盛られた量は道産子には至極お上品だが、涼しげな見た目といい、滑

【田村製麺工業】北海道で半世紀に渡り乾麺を作り続ける製麺所。所在地＝十勝管内清水町南3条6丁目［☎0156・62・2568］

【かんだやぶそば】板塀に囲まれた木造平屋の店舗（1923年＝大正12年＝築）は、東京都の歴史的建造物にも指定されている。所在地＝東京都千代田区神田淡路町2の10［☎03・3251・0287］1月、8月を除き無休。

らかな喉越しといい、昔慣れ親しんだもりそばそのものだ。

まさかとは思いつつ聞いてみると、何とここもクロレラを混ぜているという。東京の藪そば御三家の一角を占める老舗と、道東の漁師町でこれまた1874（明治7）年創業の老舗とが、遠く太平洋を隔ててクロレラでつながっていたのだ。

その因縁はこういうことらしい。ごく大ざっぱに言えば、江戸時代から続くそばの系統は藪、更科、砂場の3つだ。このうち藪系列の店は昔から麺を緑色に染める伝統があり、当初はヨモギやそばの新芽を使っていたが、明治に入ると藪粉と呼ぶ着色料が一般的になった。だが昭和40年前後にこうしたタール系色素の使用が禁止され、この時点で大半の系列店は麺の色染めをやめた。

実は竹老園も、かんだやぶそば同様に元をただせば藪系列だ。で、この両方の老舗だけはあくまで伝統にこだわり、偶然にも同じクロレラを使うことに行き着いたわけ。マイナーなんてとんでもない、釧路の緑色麺文化は紛れもなく保守本流だったのだ。

なんてことを考えると、北海道が全国の作付け面積の40％を占める日本一のそば産地であることも、だからストンと腑に落ちる。北海道に旨いそば粉はあるけれど、旨いそば屋はない――とは昔からよく言われるが、これももはや錯覚じゃないかと思う。

確かに以前は竹老園か、音威子府の黒々とした田舎そばか、あるいは帯広は丸福の冷やしかしわそばぐらいが全国区という時代があった。もちろん北海道といえば、そばよりラーメンというイメージもある。だが、今は地元の玄そばやそば粉を丁寧に打ち上げた生そばで勝負しつつ、でも東京辺りにありがちな、かしこまった雰囲気など皆無な良心店が、探せばいくらでもあるのだ。

夏の盛りに、朱鞠内湖を抱える幌加内町を訪ねた。東京ドーム500個分のそば畑が広がる、いわずと知れたそばの里。北の大地らしい広々とした高原に延々と満開の畑が続き、白い清楚な花と深緑の葉が溶け合う。その何とも艶やかなライトグリーンの輝きが、竹老園のもりそばそのものの色に思えた。

地元の通に勧められ、役場近くのそば屋、八右ェ門で杉板に盛られた〝**へぎそば**〟をすすった。ついさっき畑でかいだ強烈な、でもクセになるそばの花の〝いい臭み〟が、確かに残っていた。

【へぎそば】新潟県魚沼地方が発祥。つなぎに海藻の布海苔（ふのり）を使ったそばのこと。へぎ（片木）と呼ぶ四角い板状の器に乗せて供されることからこの名が付いた。

ゼラチンを熱々のご飯に乗っけてかっこむ幸せといったらもう…

❖カスベの煮こごり

日本人として初めてスペースシャトルに乗った余市出身の宇宙飛行士、毛利衛さんが最初に宇宙から地球を眺めたとき、北海道はずばり「**カスベ**に見えた」そうである。

カスベ。標準和名はガンギエイと言うらしいが、道産子はあくまでカスベだ。東京のスーパーでもたまにヒレの切り身を見かける。ただしパックに「北海道産エイ」と書いてあるところはちょっと悲しい。その点、毛利さんがエイではなくカスベと答えたところはいかにも道産子だし、1948（昭和23）年生まれの彼にとっては、恐らくカスベが日常食だったことも容易に想像がつく。

13歳年下の僕も、子供の頃は煮付けをよく食べた。何と言ってもヒ

【**カスベ**】ガンギエイ科のエイの総称。北海道で獲れるのは「メガネカスベ」と「ドブカスベ」で、前者が通称「本カスベ」または「真カスベ」、後者が「水カスベ」と呼ばれる。名の由来は魚のカスを意味する「かすっぺ」という説もあるが、アイヌ語のカスンペ（エイの意）が有力。

レ部分のコリコリした軟骨の歯触りがおもしろく、骨に沿ってむっちり膨らむ身肉をこそいで食べるのがまた楽しい。醤油がとっぷり染みて飴色になった身もいいけれど、煮汁が染み込む前の真っ白な身肉がまたきれいで、チリチリと意外に細かい繊維質のかみ心地も良かったなあ。

おっと忘れちゃイケナイ、カスべといえば煮こごりだ。鍋を覗くと、冷めた煮汁がいつの間にかプルンプルンとコーヒー色の固まりになっている。このゼラチンを熱々のご飯に乗っけてかっこむ幸せといったらもう……。もちろん、そのままなめてもおいしい。最初はゼリーみたいに結構な弾力があるのに、口の中で転がしていると不意にあっけなくサラサラと溶ける。そのはかない感じがなぜか子供心をくすぐった。

最近はすっかりご無沙汰していたが、ひょんなところでこのカスべと再会した。山形県酒田市のレストラン「**ル・ポットフー**」でのこと。酒田は間近に名峰鳥海山を望む、日本海に面した港町だ。その昔は北前船の一大寄港地として「西の堺、東の酒田」と称されるほどの繁栄を極め、庄内米の米蔵である山居倉庫が街中に今もデンと構えている。

【ル・ポットフー】新鮮な魚介類を中心にコースメニューを組み立てるフランス風郷土料理の店。所在地＝酒田市幸町1の10の20酒田東急プラザビル［☎0234・26・2218］水曜休。

とは言え、駅前にあったスーパーが立て続けに閉鎖し、中心街も空き店舗が目立つなど、どことなく僕のふるさと、釧路に似た斜陽の空気を感じてしまう。

ル・ポットフーはそんな酒田の駅前の、かなり〝くたびれた〟ビジネスホテルの3階にある。ところが、いったん店に足を踏み入れるや様子は一変する。たっぷり広い空間、黒光りした背丈ほどの柱時計、アールヌーボーのシャンデリア、磨き込まれた分厚い一枚板のテーブルにロココ調の椅子……。

調度や装飾のすべてがこなれ、洗練されているのだ。それもそのはずで、開高健、山口瞳、丸谷才一といった才人が通い詰め、その味と雰囲気に舌鼓を打った名店なのだから。建築家の宮脇檀さんは生前、あるガイドブックでこう評している。

「朝、市で揚がる魚でその日のメニューが決まる。上級の日本料理のような活きた魚の、鄙にはまれなフランス料理」。

さて、ここでお目にかかったのが「エイヒレの焦がしバターソース」なるメニュー。酒田港に揚がったあのカスベのヒレ部分を焦げ目が付くまでカリカリに焼き、黒コショウやケッパーを散らして溶かしバター（澄ましバター）ソースをかけた代物だ。いやあ、煮付けでしか食べたことのないカスベが、何ともスタイリッシュなひと皿に化けている（これが道内の本格フレンチでもすっかり定番メニューになっていることを後日知った）。

徹底的に焼いた軟骨部分は水気が抜けて引き締まり、煮付けがコリコリならこっちはパリパリの食感。焦げ目の付いた端っこなどはバターを吸って半ば素揚げ状態となり、骨せんべいの趣だ。これがワインビネガーを効かせたパンチのあるソースに絡まると、まったく応えられない旨さである。合いの手のフランスパンをちぎってはこのソースを塗ったくり、文字通りなめるように完食したのは言うまでもない。

と、食べ終わって思い出した。カスベの煮こごりを熱々のご飯に乗っけるとき、子供の頃の僕もよくバターをひとかけ落としていたのだ。バター醤油ご飯ならぬ、バター煮こごりご飯である。ゼラチン内に封じ込まれていたカスベの濃いエキスとバターのまさに最強コンビ。これが下地にあったからこそ、焦がしバターソースの感激も大きかったのか。

三平という老舗の味付け札幌っ子はアピールすべし！

❖札幌ラーメン

シベリア鉄道の車中で、珍妙な札幌ラーメンを食べた。ペレストロイカさなかのソ連がまだ健在だった1991年6月、終戦直後に捕虜としてシベリアで抑留され亡くなった日本人犠牲者を弔う遺族会の墓参に、僕も記者として同行した。

ハバロフスクからバイカル湖畔方面に向かう第1夜、食堂車で最初に出されたのがそのラーメンだった。紡錘形の白い磁器に申しわけ程度に黄色みがかった透明なスープが張られ、団子みたいな〝縮れ毛〟の塊が中央でこんもりそびえている。クタクタに煮込まれた菜っ葉類がしょんぼりと浮かんでいた。

コック連中がテーブルと厨房とを慌ただしく出入りしながら汗だく

で出来立てを運ぶ。はるばる日本から来た墓参団を丁重に迎えようという気遣いはヒシヒシ伝わるが、ラーメンのラの字も知らないまま作っていることがありありだ。何しろ麺をばらさず茹でてそのままスープに落とすため、麺同士がマリモ状に引っ付いてビクともしない。スープは超絶的にぬるく、薄い。まあインスタントの味噌汁を10倍に薄めた味を想像してみてください。

ところがだ、このぬるま湯極薄スープですする（と言うよりかじる）麺（と言うより団子）、強烈に懐かしい香りがする。仕上がりが仕上がりだから麺本来の艶やコシは失われているのに、ほのかにスモーキーな小麦らしい香りとちょっぴり汗臭いかん水独特の蒸れた匂いがしっかり鼻に来るのだ。

もしやと思いながら聞くと、やはり**「西山製麺」**のものをわざわざ取り寄せたという。どうりで麺全体がお馴染みの明るい黄色をしているし、独特の粘りもある。スープが地味の極致をいっているぶん、麺自体の味わいが妙に生々しく、ラーメンとしてとても満足のいく出来映えではないのに、猛スピードで完食したのが我ながら意外だった。

で、改めて確信した。札幌ラーメンの旨さとは、何はさておき麺な

【西山製麺】創業者の西山孝之がラーメン店「味の三平」初代の大宮守人と濃厚な味噌味のラーメンに合う麺を開発した。本社所在地＝札幌市白石区平和通16丁目南1の1［☎011・863・1331］

のだと。考えてもみてほしい。札幌市内に3000店といわれるラーメン店のうち、実に3分の1を占める1000店が西山製麺の麺を使っているのだ。日本各地にご当地ラーメンが続々登場し、自家製麺や特注麺じゃなきゃ本物じゃないかのごとき風潮が当たり前の中、札幌ラーメンと言えば西山製麺という黄金のワンパターンがいまだ成立するというのは、ほとんど驚異的と言えないか。

ならば《この西山製麺の旨みを一番端的に感じられるのは?》と自問すれば、やはり味噌ラーメンの元祖「**味の三平**」を僕は推す。先代、大宮守人が夜食の味噌汁に麺を入れてみたのをきっかけに7年がかりで完成させた味噌ラーメン。これが1958(昭和33)年に登場以来、モヤシやタマネギをラードで炒めて甘みとコクを出すやり方が、札幌ラーメンの代名詞となる苦心談は散々紹介されている。確かに今、三平で出てくる色の薄い、それこそ味噌汁みたいな半透明のスープを改めてじっくり眺めてみると、味噌汁、あるいは豚汁からの連想というも、さもありなんと思えてくる。〝札幌味噌ラーメン誕生秘話〟も、さもありなんと思えてくる。

そこで、敢えて元祖の三平だからこそ考えたい。インターネットに氾濫する昨今の三平に対する批判的意見はどういうことなのか。その

【味の三平】味噌ラーメン創始者として知られる大宮守人の店。現在は、2代目の大守秀雄さんが継いでいる。所在地=札幌市中央区南1西3 大丸藤井セントラル4階[☎011・231・0377]月曜休。

多くは①味噌の味が薄い、②スープがよく混ざっていない、③あっさりして物足りない、に集約される。

確かにどれも一理ある。濃厚コッテリ系の味噌ラーメンが全盛のいまどき、三平の味噌ラーメンは明らかにそれらと一線を画している。
①についてはまず見た目の印象も大きい。主に使っているのが白味噌だからもともとスープの色が薄いし、実際、量も抑え気味だ。これが③にもつながってくるのだろうが、問題は濃厚コッテリ=旨い、薄口アッサリ=イマイチ（物足りない）という単純な判断でいいのかだ。この点、僕は西山の麺そのものの味を際立たせるスープとして、やっぱり三平は大いにアリじゃないかと思う。
それから②。これはどうも上部のスープが比較的あっさり感じられるのに、下へ行くほどしょっぱさが舌を刺激する味の変化を指摘しているようだ。味噌の量を抑えてそのぶん塩を効かせている三平のスープであれば、味噌のガツンと来る香味を最初に期待していた客にとっては肩透かしを食らった気にもなるだろうし、ある程度食べ進んだところで、改めて塩気の強さを感じることに違和感を覚えるのだろう。

しかし、これも味の旨いマズイと直接は結びつかない気がする。むしろ塩をより強調したシンプルなスープ（もちろんその裏には様々な調味料、香辛料、香味野菜、ガラなどによる複雑な旨みが隠れているのだが）は、かけそばや素うどんのように、僕にとっては麺の素直な味を引き出す工夫に思えてならない。

ま、味の好みは千差万別、僕の考えが絶対とは端から思っていないし、①〜③の意見を即否定する気も全くない。ただ、例えばコップの水が減ると頼まなくても即座に注がれる気配りとか、調理の最中は無駄口をたたかない静謐な空気とか、文房具店ビル内のテナントなのにラーメン臭さを店外に出さない清潔感とか、そういう雰囲気も三平という老舗の味付けになっていることは、札幌っ子として大いにアピールしたいのだ。

❖キンキの煮付け

素性を隠し通せない剛力のコク 下魚の底力で至福の瞬間

キンキ、またの名をメメセン、メイメイセン、メンメ、キンキンなども言い、東北では標準和名になっているキチジが一般的だ。**カサゴ**に似ていて、でもカサゴよりはるかにドングリ眼で口も大きく、色はどぎついくらいの鮮紅色。釧路に住んでいた小学生の頃はよく食べたし、魚の中では一番の大好物だった。

何たって白身なのに脂が半端じゃない。子供時分は脂っこいモノに特に目がなかったから、カレイよりタラ、タラよりニシン、ニシンよりキンキと自分の序列はきっちりしており、豚肉カレーやジンギスカンやハンバーグじゃなくてもキンキなら許せた。

それがいまやめったに口にできない高級魚と化したのを実感したの

【カサゴ】フサカサゴ科の海魚。頭と口が大きく、無骨でいかつい風貌の肉食魚である。鮮度のいいものは刺身にするが、ブイヤベースには欠かせない魚。

は、転勤で久しぶりに実家がある札幌へ戻った30代後半のこと。とある閑静な住宅街にある瀟洒な一軒家の寿司屋に出向き、最初のつまみで出てきたのがキンキの刺身だった。札幌でも指折りの高級店と聞いていたから、《ホエーッ、お前もしばらく見ない間に出世したねぇ》と内心つぶやき、初めての生キンキ（昔は焼くか煮るかのみで、刺身なんて考えもしなかった）にえらく興奮した。

「お塩でどうぞ」。言われるまま、短冊形に切られた一片に粗塩をちょんと付け、口に運ぶ。いや、びっくりだ。濃厚を通り越して胸がつかえるような、息苦しいくらいの怒濤の脂！　普通の白身ならどんなに寝かせた身質でも、ちょっとはグリンとした繊維質の歯ごたえが残るものだが、この刺身にはそれがない。歯を押し返す抵抗感もないままはかなく身が崩れ、こんこんと尽きることなく脂がにじみ出る。なるほど、北の海の、それも深海で育った白身というのは、ロース肉以上の脂を感じさせるものなんだと、これもしみじみ納得したのだった。

それにしても、申しわけ程度の薄切りが3切れというその供され方が、往時のキンキを知る者としてはちと寂しく、皮を湯引きした食べ心地もどこか小賢しい。後日はポン酢で食べさせられたこともある。

薄切りも湯引きもポン酢も、脂の強さを和らげる技という点で理にかなっているが、ひょっとして無理やり高級魚にしてないか？という気分が抜けないのも事実だった。

で、東京へ戻ってスーパーでキンキ（キチジという表示も一般的）に再会したら、体長20センチぐらいの中型サイズが1尾2000円もしている。決して上物とは言い難い鮮度にもかかわらず、だ。その頃よく通った寿司屋のオヤジも「はっきり言ってそこらのマグロよりはよっぽど特上だねです。**オコゼ**のチリチリした白身に脂の化粧をまとわせたイメージって言うか、一見淡泊そうで実は濃厚みたいなところがウケるんですよ」ってな解説を加えていたっけ。

ただですね、道産子として忘れちゃいけないのは、やっぱりこの魚、もともとは下魚だったたってこと。少なくとも大正から昭和の半ばにかけては食用ではなく魚粕、つまり肥料用に漁獲されていた時代が長かった。今は寿司だねの王様に収まっているマグロも、冷蔵技術のなかった昔々に通用したのは赤身であり、トロは見向きもされなかった。それと同じ理屈で脂臭いキンキも昔は脂を搾って肥料にする程度の魚であり、だからこそあまり裕福とは言えなかった我が幼少期の食卓に

【オコゼ】オニオコゼ科の海魚の総称。頭の形が独特で、顔は鬼の面を思わせ、背びれのトゲには毒もあるグロテスクな魚。だが、食用となるオニオコゼはフグに匹敵するほど淡白で美味。

も、よく上っていたというわけだ。

だからキンキぐらいは刺身や握りじゃなく、食べるならまるごと一匹か、せめて半身でという気持ちがいまだに強い。強いのにそれがままならない、つくづく因果な魚だと思う。

ところで僕の一番好きな食べ方は水煮だ。だしも取らないし、醤油も入れない。徹頭徹尾、ひたすら水だけでコトコト煮る。煮上がったら身を静かに崩して箸に取り、ここで初めて醤油をちょっとだけ付けて口に運ぶ。しつこい脂がある程度抜けながら、でもやっぱり素性を隠し通せない剛力のコク。下魚の底力を素直に感じる、至福の瞬間だ。

❖豚肉のすき焼き

突き詰めれば道産子は脂身が好き 豚肉が王者でもいいんでないかい！

【すき焼き】牛や鳥などの肉にネギや焼豆腐などを添え、鉄鍋で煮焼する鍋料理。まだ獣肉食が嫌われていた時代、屋外で鋤の上に乗せて焼いて食べたのが語源ともいう。

忘れもしない、僕が〝本物の〟**すき焼き**を食べたのは中学2年の正月だから、１９７６（昭和51）年のことだ。当時は大阪の会社に勤めていた叔父が札幌の実家に帰省した折り、「ご馳走するから遊びに来い」と誘われ、のこのこ出かけたのである。

どこでどう工面したのか、こたつの卓上では南部鉄器の平たい鉄鍋が簡易コンロに鎮座し、かたわらには肉、野菜共に満載の盆ザルがふたつ並んでいる。まず驚いたのは肉の色というか形というか艶というか大きさというか。見事にサシの入った、紅色の薄くて大きな肉片が、そよぐようにヒラヒラ重なっている。「いや、正味奮発させてもろうてな、これはホンマの**松阪牛**だべ」。関西弁と道産子弁がまぜこぜになっ

【松阪牛】全国から優秀な血統の仔牛を導入し、松阪牛個体識別管理システムの対象地域で肥育された、未経産の黒毛和種の雌牛、またはその肉のこと。

た叔父の物言いに、その緊張の度合いがヒシヒシ伝わる。

そうなのだ。僕はそれまで牛肉のすき焼きなんて食べたことがなかったし、マツザカギュウなる言葉を聞いたのも初めて。うちですき焼きと言えば、それは豚肉を煮る**肉鍋**のことだった。いや、この時代、北海道ですき焼きと言えば、間違いなくそれは豚の肉鍋を指していた。だからこそ叔父は、大阪で牛すきに出合った衝撃を伝えるべく、ここに実演披露と相成ったわけだ。

さて、叔父は十分に熱した鉄鍋へ白い角片を1個落とし、これを菜箸で鍋全体になすった。牛脂《ヘッド》だってもちろん初めて見る代物。鍋全体に艶が回り、うっすら煙がたなびいてプンプン脂の香りが漂う。もうこれだけで大興奮のところへ、な、な、なんと叔父は件のヒラヒラ肉を直に鍋へ広げちゃったじゃないの！

ジュワワワーッと盛大な音が出るや、今度は上に砂糖を散らしている。《えっ、砂糖を直接？》と改めて驚く間もなく、そこへ一気に割り下をかけ回す。ジュワワジュワワとあぶくにまみれ、パチパチパチッと脂がはねる中をマツザカギュウは生焼け半焼け良く焼けと場所によってまだら模様を描く。と、叔父はこれを素早く生卵の入った小皿

【肉鍋】基本的には、鍋で煮ながら食べる鳥獣料理のこと。北海道の場合は豚肉が多い。

に取り、「ホレ、食べれや」。《た、食べれやっていったって、まだ生でしょうが》と臆する僕を尻目に、叔父はそのほとんど〝生肉〟をむしゃむしゃ得意満面で頬張っている。

もうすべてがカルチャーショックだった。まずは立て続けに肉だけ焼いて野菜はその後という流儀もわけがわからなかったし、その野菜も春菊、白菜、長ネギというラインナップ。ふだん食べ慣れている豚すきとのあまりの落差に、マツザカギュウの味もよくわからないまま、ひたすらあっけに取られていた、それが僕の牛すきデビューだったのだ。

改めて確認すれば、道産子の豚すきは豚コマかせいぜいおごって豚バラの薄切り、それに豆腐、タマネギ、シラタキを加えて醬油＋みりん（酒）＋砂糖をベースに煮るのが基本だ。僕は最初に肉だけじっくり煮て、ほかの具は後入れであっさり仕上げるのが好み。シャキッと繊維質がしっかり残ったタマネギと粘り腰のあるシラタキの潔いかみ心地が、煮汁の染み渡った豚肉とよく合う。ここへ一味を振りかけると全体の味が締まる。

大ざっぱに言えば、数字の上でも北海道では、いまだこの〝豚すき主義〟が保たれている。一世帯当たりの豚肉消費量は年間26キロ余で全国平均を3キロも上回っているのに対し、牛肉は10キロ弱で平均の半分にも満たない。しかも、僕が牛すきデビューを果たしたころにさかのぼると、牛肉消費量はなんと年間で2キロもないのだ。この数字(総務省の家計調査報告)は都道府県庁所在地の比較がベースだから、非札幌圏の数字は恐らくもっと〝豚高牛低〟が顕著だろうと思う。

じゃあなんで北海道は豚なのか。開拓時は酪農より養豚が先だったとか、食用として乳牛の評価が低かったとか、豚主体の名物(帯広の豚丼、室蘭の豚串、旭川の塩ホルモン、根室のエスカロップなど)が多いとか、いろいろ言われてはいる。

が、突き詰めれば道産子は脂身が好きだから、豚肉が好きなんだと思う。長く厳しい寒さを乗り切る食生活では、濃厚なコッテリ感のあるものがまずはごちそうだ。即ち、脂身である。子供の頃、少年野球の仲間同士が集まってよくジンギスカンをつついた。僕も含めて食べ盛りだから、皆先を争って肉を奪い合うのだが、実は一番人気があったのが、最初に鍋へ落とすマトンの脂身だった。

もちろんこの一片は鍋肌に脂を回す重責を担っているから、すぐ箸で取るわけにはいかない。ほどほどに肉を食い、野菜を平らげ、さて取りあえず腹が落ち着いたところで、誰もが納得するタイミング、つまり程よく脂が抜けてそろそろお役ご免というタイミングを見計らって箸を伸ばした者が、件の脂身を食べられる。その一瞬を狙う気持ちを共有していることを、子供心にその場にいた全員が了解し合っていた。

もちろん牛肉にも鶏肉にも脂身はあるし、それぞれの脂身にはそれぞれの旨さがある。しかし北海道の風土に一番しっくり来る脂身は何かと考えれば、コッテリ感と甘みが素直にのどを通る豚肉しかない。今でも豚すきをこよなく愛する僕の、それが結論だ。

❖ザンギ

唐揚げとは天と地ほど違う北海道独特のブロイラー料理

世界初のインスタントラーメンといえば、1958（昭和33）年誕生のチキンラーメン。最初のパッケージの宣伝文句を知ってます？「体力をつくる　最高の栄養と美味を誇る完全食」（原文のまま）というもの。

大阪府池田市にある**インスタントラーメン発明記念館**には、チキンラーメンを「健康の第2栄養素、坊やと嬢ちゃんの強い味方」という張り紙で売り出す、当時のスーパーの写真も展示されている。

つまり、カロリー補給が健康のバロメーターとされた時代の即席麺は、手軽さ以上にヘルシー食品としての性格が強かった。今とはエライ違いである。

【インスタントラーメン発明記念館】 大阪府池田市満寿美町8の25［☎072・752・3484］火曜休（祝日は翌日休）。

【ブロイラー】 米国原産の肉用鶏種。元来は小型のものをさすが、今は短期間で効率よく大量生産されるものをいう。

こんな風に今と昔でその食に対するイメージがガラッと変わってしまったもの、道産子の僕にとってのそれは**ブロイラー**だ。

生後2カ月未満で成長させてしまうアメリカ由来の若鶏が道内に急速に広まるのは、１９６０（昭和35）年以降。釧路のザンギ専門店では元祖的存在「**鳥松**」の開業が60年、銀皿に乗せた若鶏半身揚げが名物の小樽「**なると**」の開業が65年。そしてうちの食卓にもひんぱんにザンギが登場し、あるいは親が新聞紙にくるんだ丸焼きやら半身焼きやらを買って来る日が俄然増えるのも、60年代後半なのである。

当時僕は釧路に住んでいたから、鳥松のザンギももちろん食べている。大ぶりの骨付き肉に荒々しい衣が張り付いた威容は子供心に大迫力だったが、何より肉が柔らかくてジューシーなのにたいしたたまげた。《鶏肉ってこんなにプヨプヨしてたべか？》。それまでは市内の「東家」のかしわそばとか、家で親子丼や茶碗蒸しぐらいでしか鶏肉を食べる機会がなく、その肉は濃厚な味がする代わりに歯がくたびれるほど硬かった。

「そりゃあフツー、かしわ肉ったら親鳥さ。でもこれはブロイラーっていう若鶏なの。若いから柔らかいんでしょや」。自ら手作りのブロイ

【鳥松】鳥料理の店。北海道特有の鶏肉の唐揚げ料理「ザンギ」は釧路が発祥で、その元祖店といわれている。所在地＝釧路市栄町３の１［☎０１５４・２２・９７６１］日曜休。

【なると本店】若鶏の半身揚げで知られる大衆的な和食の飲食店。所在地＝小樽市稲穂３の16の13［☎０１３４・３２・３２８０］不定休。

ラーザンギを前に得意げな母親の解説はイマイチわからなかったが、ブロイラーという言葉の響きに、ミートソースやハンバーグ、コーンフレークなんかと似たときめきを確かに感じていた。鳥インフルエンザ騒動もあって、効率優先の大量養鶏がとかく槍玉に挙げられる今とは、やっぱりエライ違いだ。

そう考えると、ザンギという北海道独特の鶏肉料理、いや、敢えて言えば〝ブロイラー料理〟が昔と変わらず健在なのは実にうれしい。では、ザンギと唐揚げは同じなのか違うのか。その語源は何か。発祥の地はどこか。インターネットでも侃侃諤諤《かんかんがくがく》の論議が飛び交っていること自体が、オジサンはうれしいのだ。

持論を言わせてもらえば、ザンギと唐揚げは天と地ほど違う。極端な話、唐揚げは鶏をそのまま揚げたっていいけど、ザンギは醤油や酒、ニンニク、ショウガを効かせた漬け汁に丸1日以上寝かせた鶏(もちろんブロイラーの若鶏)、しかも絶対に骨付きじゃなきゃあイケナイ。

そりゃあ今や懐かしの鳥松ですら、骨なしをメニューに載っけている(単品では骨付きより100円高い600円)。しかし僕が子供の頃の鳥松ザンギは、間違いなくすべてが骨付きだった。首の骨、手羽元の骨、足の付け根や関節の骨。いろんな骨それぞれにこびりつく軟骨部分のコリコリした歯ごたえや骨そのもののエキスをしゃぶる楽しさがあったからこそ、ブロイラーの柔らかさもいっそう際立っていた。

その記憶が強烈ゆえ、コンビニでもスーパーでも居酒屋でも、どこへ行ってもザンギと書かれた商品やメニューを見ると今でもつい興奮する。それがたとえ単なる唐揚げにしか見えなくても、ザンギと名乗っているだけで必ず食指は動く。つくづく自分は生粋の道産子だと思う。

最後に変わりザンギをひとつ。タコザンギにイカザンギにサケ（鮭）ザンギと魚介ザンギはもはや珍しくないが、ならばツブザンギもお試しあれ。大きくぶつ切りにしたツブへ漬け汁を十分なじませ、豪快に揚げる。もともとアクが強いこの貝ゆえ、ザンギの濃い衣の味がそのアクをほろ苦い甘みへといざなうのだ。

❖エスカロップ

甘酸っぱくもほろ苦い ソースの染み込んだ丼飯

ソースカツ丼って知ってます？　ご飯にカツが乗っかり、全体にウスターソースをまぶした実にシンプルな丼だ。フツーにトンカツ頼んでご飯を食べれば同じだべ、と思うかも知れないが、全然違う。牛丼と、牛皿＋白飯ではやっぱり何かが違うのと同じだ。とにかく、甘酸っぱくもほろ苦いソースの染み込んだ丼飯が何とも〝お下品〟で、たまらないおいしさなのだ。

福井県内に19店を構える1913（大正2）年創業の**ヨーロッパ軒**がその元祖とも言われ、福井市内の**総本店**と敦賀市内の**敦賀ヨーロッパ軒本店**をはしごしたのだが、驚いたのは同じヨーロッパ軒で値段も共に840円、もちろんカツ・ソース・ご飯の組み合わせも一緒なのに、

【ヨーロッパ軒総本店】所在地＝福井県福井市順化1の7の4［☎0776・21・4681］火曜休。**【敦賀ヨーロッパ軒本店】**所在地＝福井県敦賀市相生町2の7［☎0770・22・1468］月曜、第2・3火曜休。

見てくれや味がはっきり違うこと。

カツはどっちも3枚ながら前者は小ぶり・厚めで丼にちんまり収まり、後者は大ぶり・薄めで丼を優にはみ出している。前者は蓋無し、後者は蓋付きだ。

味も、甘みと苦みを強調した前者のソースに対し、後者はより酸みを効かせて清涼感がある。どっちもそれぞれおいしいから何も言うことはないのだが、わずか60キロ足らずしか離れていない兄弟店でも、こんなに違いがあるもんなんだと妙に納得した。

と、太鼓腹をさすりながら敦賀ヨーロッパ軒本店の品書きを眺めていたら「スカロップ」なるメニューがある。《えっ、スカロップ？ もしかしてエスカロップのことじゃあ……》。

エスカロップなら知っている道産子も多いだろう。通称エスカ。炒めたバターライスにトンカツを乗せ、ドミグラスソースをかける根室限定のひと皿だ。バターライスには刻んだタケノコが入り、脇にはキャベツやポテトサラダなんかが添えてある。バターライスの代わりにケチャップライスを用いるのを赤エスカと呼び、オーソドックスなバターライスを白エスカと区別することもある。

そのエスカロップから「エ」だけ引いた正体は、何とご飯のないエスカロップだった。即ちトンカツにたっぷりドミグラスソースがかかり、わきにはポテトサラダ、刻みキャベツ、サニーレタス、カイワレ、そしてスパゲティのケチャップ和えが添えてある。トンカツの下には何もないから、客は改めてライスなりパンなりを頼むことになる。そば(蕎麦)で言えば、天ぷらそばやかしわそばから麺を抜いた天抜き、かしわ抜きってヤツだ。

ウーム。根室のエスカロップに敦賀のスカロップ。遠く離れた港町で、似ているような似てないような、どっちかが親でどっちかが子なのか、それとも何か別のメニューの親戚なのか。そう言えば長崎には、ピラフ半分スパゲティ半分の上にトンカツ乗っけのドミグラスソースがけという「トルコライス」なんてのもあったぞ。

悶々としながら調べてみると、まずエスカロップ誕生の経緯はこういうことだ。根室市内のレストラン「モンブラン」がケチャップ和えスパゲティに仔牛のカツレツ(当時は揚げるのではなく、パン粉をはたいてソテーしたらしい)を乗っけるメニューを考案し、イタリア語のスカロッピーナ(肉の薄切りの意)に引っかけてエスカロップと称した。1963

(昭和38)年頃のことだ。

ワンプレートに見慣れない洋食メニューを複数盛りつけるやり方は、特に水産加工場で働く女性たちに大受けしたらしく、瞬く間に街に広まった。仔牛が豚に、ソテーがフライに、スパゲティがバターライスに、その具も当初のマッシュルームからタケノコにといった変遷を経て、今の形が出来上がったようだ。

ならばスカロップはどうか。敦賀ヨーロッパ軒本店の赤坂敬造さんに聞くと、「先代の祖父が名古屋で修業していた時、バターライスにトンカツを乗せてドミグラスソースをかけるエスカロップというメニューがあったそうで、うちはそこからご飯を抜いてスカロップにしたようです。祖父は、もともとはロシア料理だって言ってましたけど」。な、なんとエスカロップからご飯を抜いたからスカロップという僕の想像は当たっていたのだ。ただし、名古屋では最初からご飯のないスカロップが一般的で、エスカロップを出す店はなかったという説も有力だ。またロシア料理では野菜スープをスカロップと称しているが、エスカロップというメニューは存在しない。

ちなみにトルコライスには①ピラフ(焼き飯)が中国で、スパゲティはイタリア、カツは東西をつなぐ架け橋のトルコを指す、②「トリコロール」という洋食兼喫茶店が始めたメニュー、③ピラフはもともとトルコのピラウが起源だから――など諸説あるが、これもはっきりした事情はわからない。

根室には、モンブランに勤めていた料理人が独立して開いた「**ニューモンブラン**」が駅前に健在だ。昭和の洋風といった趣がプンプン漂う薄暗い店内に、銀皿に盛られたエスカロップはピタリとはまる。ルーツ探しはひとまず置いて、この店にはいつまでもこのままのスタイルと味でいて欲しいなあ。

【ニューモンブラン】
所在地＝根室市光和町1の1［☎0153・24・3301］不定休。

❖干しコマイ

冬場はルンペンストーブで焼きマヨネーズに一味をわんさか

昔は青菜にしろ肉にしろ果物にしろ、今より味が濃かったし旨かった――というような物言いに、僕はあまり興味がない。味覚の好みは同じ人間であってもその時々の環境によって変わるものだし、時代ごとの傾向だってある。少なくとも、昔のほうが良かったという単純な懐古趣味を食に持ち込むのはナンセンスだと思っている。

ただし、どう考えても昔に比べて格段にまずくなったと実感するものがある。干物だ。代表選手のアジ（鯵）を考えて欲しい。普通の市販品を自分で焼いても、あるいは旅館の朝食で出てくるものを食べても、最近はおいしいと思えたためしがない。干からびて抜け殻みたいにぱさついた舌触り。脂焼けが進んだ独特のひねた匂い。干すことによって醸される濃縮された旨みが全然感じられないのだ。

これが単に僕の思い込みじゃないことは、次の文を読んでもらえればわかる。

「干物ほどまずくなったものはない」と感じるのは私だけではないでしょう。実際、魚屋に並べられているものは干物の形こそしていますが何の香味もなく、なかには長い間冷凍庫に寝かされていたためにアンモニア臭を放ち、酸化して舌先にピリッとした酸味さえ感じられて不快な印象を残します。

東京・浅草の老舗、紀文寿司の4代目だった故・関谷文吉さんが1990年に記した『魚味礼讃』(中央公論社)の一節だ。以前この店に通い詰めた頃、関谷さんは自分で作った干物を焼き、よく握りの前に出していた。アジ、カワハギ、キス、サヨリ。半干しにした小さな白魚やハマグリの、脳髄にズシンと響く旨みを体験したのもこの店だった。

中でも忘れられないのは、福島県は常磐沖辺りが主産地の、**ヤナギ**(柳)**ムシガレイ**の干物だ。関谷さん自身も「甘鯛の干物が西の横綱なら東の横綱は間違いなくこれ」と太鼓判を押すくらい、焼きたてには複雑玄妙な香りがあった。綿雲みたいにフンワリと膨らんだ白身を崩

【ヤナギムシガレイ】北海道南部以南から東シナ海に分布。北海道ではナメタもしくはオイランガレイとも呼ばれる。12～3月が旬。生干しにすると、カレイ類の中でも最も美味とされる。

すと、干しイモに似たかすかな甘みの奥から、爽やかなツユクサの香気が真っすぐ立ち上ってくる。

　この匂いをかぐたび思い出していたのが、家々の軒先に吊されていたババガレイ、ソウハチ、マガレイといった北海道ならではの干物であり、石炭ストーブに渡した火ばさみで焼かれる干しコマイだ。

　ハの字に組んだ木に横棒を渡し、そこに行儀良く並んだひし形のソウハチ。干し上がると身に透き通るような艶が生まれ、向こうから差し込む日の光に中骨や腹子の影がくっきり浮き上がる様は、漁師町でなくても一昔前の北海道では当たり前の風景だった。

　干しコマイもよく食べた。僕が子供の頃の干しコマイと言えば、カチカチの〝激〟干し。そのままではむしることも皮をはぐこともできず、金槌で叩いたり焙ったりしてやっとこさ柔らかくなる代物だった。

　冬場はこれを前述のとおり、ルンペンストーブで焼く。僕は、表面にうっすら焦げ目が付き、煙りが糸を引くくらいまで焙るのが大好きで、これは濃いめに一味を混ぜたマヨネーズでやっつけた。ちなみに父親は醤油、母親はマヨネーズのみ。別項で書いたが僕はジンギスカンを食べる際、たれにわんさかコショウをかけるのが子供の頃からの

【ババガレイ】日本海側の各地沿岸、太平洋岸では駿河湾以北に分布。北海道では主に太平洋側で漁獲される。関東でも高級カレイとして人気。東北などではナメタとも呼ばれる。メスの子持ちは特に人気が高い。

【ソウハチ】主にサハリンや千島列島、北海道沿岸などに分布。独特の臭いがするため干物にすることが多く、北海道の居酒屋などでは「焼き宗八」が定番メニュー。

流儀で、当時から辛党だ。だからマヨネーズに一味の組み合わせは絶対不可欠だった。

焙りまくったコマイからは、ほとんど水気が抜けているはずなのに、かじるとどこからかジューシーな旨みのエキスが湧いてくる。しょっぱくて甘い、いつまでも後を引くおいしさ。そしてそこから茂みの草いきれに包まれているような、苔むした岩肌に顔を近づけたような、草っぽい香気がふっと鼻をかすめる。

この、いい意味での青臭さが、白身系の魚を干す究極の魅力だ。紀文寿司で味わった柳ムシガレイの〝ツユクサの香気〟が、改めてそのことを思い出させてくれた。

ところで、干しコマイに限れば、今の好みは断然一夜干しだ。カチカチの激干しに比べて身には滑らかな質感があり、青臭さにもより瑞々しい味わいがあって、時々野菜のキュウリを連想してしまう。〝キュウリ〟には味噌もいいが、僕はやっぱりマヨネーズだ。もちろん一味はたっぷりと。

【マガレイ】 北海道では主に日本海沿岸からオホーツク海沿岸にかけて分布。煮付け、刺身、焼魚などいずれも美味でカレイ類の中でも一級品。とりわけ、春の子持ちの雌は煮付けが旨い。

【コマイ】 漢字名では「氷下魚」と書く。別名「カンカイ」は、サハリンのギリヤーク族が使っていた、れっきとした呼び名が由来。

❖釧路ラーメン

間違いなくある日本人がラーメンに抱く原風景

釧路生まれの釧路育ちが釧路ラーメンについて書くんだからうれしいはずなのに、どうもいまひとつボルテージが上がらない。

その理由のひとつは、全国的な認知度の低さ。そりゃあ、道内では《フムフム、釧路ラーメンね》ぐらいには知られているだろうけれど、フツー、北海道のご当地ラーメンと言えば、全国的には「札幌みそ」「旭川しょうゆ」「函館しお」のビッグスリーと相場が決まっている。さらに言えば、この先、釧路ラーメンが全国区になるとは、釧路っ子ながらも正直想像しにくい。なぜか。ひとことで言えば地味なのだ。

釧路ラーメンの基本形は以下の３点と思う。

①麺は細麺。②スープは醤油味。③体裁はシンプル。

つまりは「あっさり」を目指したラーメンなのだ。トンコツだの背脂だのダブルスープだのという濃厚コッテリ系とは無縁だし、細麺の食感は、時としてそうめん的寂しさを誘う。上に乗る具だって本来はナルトにメンマにせいぜいホウレン草。チャーシューなんてもってのほか、というのがオジサン世代の標準だった。

じゃあ何でわざわざ取り上げるのと問われれば、この地味さ加減が、どうしようもなくいとしいからだ。単なる懐かしさとは違う、日本人がラーメンに抱く原風景のようなものが釧路ラーメンには間違いなくある。その意味では、釧路ラーメンとは家庭の味、もしくは屋台の味なのだ。つまり、ハレ（晴れ）の食にはならないけれど、そのぶん飽きが来ない。

わが家で釧路ラーメンを作るときの麺は、必ず「**三原製麺所**」製だった。1936（昭和11）年創業の、市内では㊂マークでお馴染みの老舗。ここの生麺はとにかく細い。直径1・3～1・5ミリというところ。乳白色に近い色白でごく軽いウエーブがかかる。これを新聞紙に広げて半日か1日置く。こうすると水分が抜けてさらに麺が縮れ、スープとの絡みがいいのだ。うちは家族全員超固茹でが好み。茹で時間は1分

【三原製麺所】1936（昭和11）年、三原萬之丞（初代三原製麺所社長）が釧路市大町5丁目で開業し、当初はうどん・そばを製造。翌年からは生ラーメンの製造を開始した。本社所在地＝釧路市北大通3の7［☎0154・22・3712］

とかからなかった。これを鶏ガラか、あるいはカツオと煮干でとった醤油だれのスープに浸し、メンマとナルトとネギは必須、あとはホウレン草、絹サヤ、麩、プレスハム、茹で卵（味付けじゃないよ！）のいずれかが具に加わる。

鶏ガラはせいぜいが2～3本、カツオや煮干も味噌汁のだしを取った後の2番だし、3番だしだから、まあ澄まし汁みたいなスープだ。具のラインナップも貧弱なことこの上なし。特に麩！　カラカラになった焼き麩をひとかけらスープに落とすのは別に我が家の専売特許ではなく、昔の釧路ラーメンならよくあるパターンだ。これがつゆを吸ってクタクタになったところが何とも哀愁を誘う。

考えてみればこういうシンプルなあっさりラーメンは、ひと昔前の日本ならどこでも食べられた。小学生のとき、小樽築港駅の船員食堂で出合った激安ラーメン（確か80円だった）、中学生のとき浦河郊外のそば屋で体験したかしわラーメン（鶏肉はほんの申しわけ程度）、大学生時代に東京は保谷（現・西東京市）の大衆食堂でよく食べた学生ラーメン（涙ものの大盛り350円）、社会人時代の初任地**盛岡で有名な中華そば**一本のみ（ここは大盛りすらない）の専門店。どれも何の変哲もない、おいし

【盛岡で有名な中華そば】 1955（昭和30）年に開業の屋台からスタートした中華そばの店「中河」のこと。スープがなくなり次第閉店。所在地＝盛岡市本町通1の7の37［☎019・622・5763］日・祝日休。

くもまずくもない、ただの実直なラーメンだ。

　でも釧路ラーメンは、これら以上に地味だ。どうしてもか細い色白麺が、地味さ加減を際立たせてしまう。この細さの理由については「昔は魚介系がスープの主流で、それに合わせた」とか「気ぜわしい漁師目当ての屋台が多く、茹で時間短縮のため」とか「飲んだ後の締めにのど越しを考えた」とか言われているが、これが正解という答えはないようだ。要は気付いたら細かったのである。

　ならばこの際、徹底的に地味を極めるというのはどうだろう。それこそそうめんよりさらに細い超極細麺があっていい。だしはカツオ（節）のみ。それも極上の吸い物を連想させるすっきりしただしだ。味付けは生醤油。具はなし。一片のネギも一滴の油も浮かせない。そのかわり、小麦も醤油もカツオも水も、少ない素材ながらすべてに吟味を尽くす――。

　何かと派手好みな世の風潮を逆手に取る、地味の凄味を感じさせる一杯。これなら〝最果ての港町〟にふさわしいと思うけどなあ。

❖**筋子いろいろ**

おにぎりの芯として筋子に勝る具はないと確信

YOSAKOIソーラン祭り真っ只中の札幌へ出張の折、ススキノの寿司屋で久方ぶりに**鱒子**《ますこ》を食べた。下宿暮らしの学生時代よくお世話になったサケ缶の原料である**カラフトマス**(樺太鱒)、その卵巣の醤油漬けである。漁師町に育ったオジサン世代の道産子なら慣れ親しんだ味のはずだ。産卵期の関係からだろう、この季節になると僕の生まれ育った釧路でも新物がよく出回った。

普通のサケ《**シロザケ**》の**筋子**や**イクラ**に比べて粒が小さく緻密で、明るい朱色をしている。イクラのようなトロッとした粘液は少ないが、そのぶん一粒一粒に歯を押し返すような若々しい弾力があり、青葉の季節とあいまって溌剌とした生気を感じる。その日は握り寿司として

【鱒子】 カラフトマスをはじめ、サクラマスやニジマスなど各種マスの卵巣を塩または醤油漬けにした筋子の総称。あっさりとクセのない味わいが特徴だ。

【カラフトマス】 サケ科のマスの仲間。オホーツク海では単にマスということが多い。鉄板の上で野菜とともに味噌味で食べる「チャンチャン焼き」をはじめ鍋もの、ムニエル、ルイベ（冷凍）の刺身、塩蔵して切り身で食べるのも美味。

食べたのだが、爽やかな脂のキレとコクに、北国の夏到来を予感した。

記憶をたぐれば子供の頃は、こうした鱒子を中心とした筋子の類を家々で仕込んでは、お裾分けし合うのが当たり前の光景だった。同じサケの腹子でも仕上がりは千差万別で、ヌメヌメと艶っぽい照りと光沢を放つ醤油漬けの筋子に比べ、塩漬けのそれは表面が毛羽立ったように乾き、中には上干しの干物のようにカチンカチンに引き締まったものがある。このカチンコ筋子が、子供心にもクセになる旨さだった。最初はビーフジャーキーをひきちぎるような堅さと粘りがあって、何とか噛み切ってくちゃくちゃすると、あの筋子特有の濃厚な脂肪のエキスがグンと立ってくる。水分が抜けているから籠っている旨みが野太く、熱々のご飯と最高の相性だった。

そう、相性を言うなら、僕はおにぎりの芯として筋子に勝る具はないと確信する。オカカやタラコ、あるいは塩ザケのほぐし身などは時にぱさつきを感じてしまうし、王道とされる梅干も、具としては〝おかず的魅力〟に欠けると思う。つまり、梅干おにぎりには、どうも卵焼きとか漬け物とかの添え物が要るのだ。

その点、脂肪のエキスをたっぷり蓄えた筋子が具なら、敢えておか

【シロザケの筋子とイクラ】北海道で一般にサケというのは**シロザケ**のこと。その筋（すじ）のような卵巣膜でつながった卵巣が筋子（すじこ）である。食品としての筋子はそれを塩蔵または醤油漬けにしたもの。筋子の卵巣膜を取り除き、バラバラにして塩漬けや醤油漬けにしたものを**イクラ**またはバラコと呼ぶ。なお、腹子は筋子の別名。

ずなど要らない。まず①筋子という芯があり、そこから染み出たエキスを十分に吸い尽くした②味付きご飯が周りを固め、それを③白飯がこんもり覆い、④海苔の旨みと香りを吸い取った外周部のご飯、さらに⑤海苔本体が層を成す。実に5層に及ぶ味の構成をもろもろ崩しながら堪能するこの旨みを端的に感じられる芯こそ、筋子なのだ！

特にその芯の筋子が鱒子だと、ただ茶碗飯のおかずにしているだけではわからなかった、この魚卵特有の粘液が結構周りに染み出ていて、たまらなかったなあ。ジンギスカンやラーメンが「北海道遺産」に指定されるなら筋子だって……、と大真面目に思う。

そんなわけで、長く東京に暮らすようになればなるほど、ふとイクラや筋子が恋しくなる。そんな時は迷わず銀座の寿司屋「**すきやばし次郎**」に出向く。フランスのヘラルドトリビューン紙が世界10傑のレストランに挙げ、寿司職人として初めて現代の名工に選ばれた**小野二郎**さんが80歳をとっくに過ぎてなお元気に付け場に立つ、江戸前寿司の最高峰だ。

お任せで20個（カン）ほどの握りを一気に食べれば大2枚半は軽くいく高額店だから気楽には行けないが、それでも本当に旨いイクラが食

【すきやばし次郎】 世界的にも高い評価を受けている、江戸前鮨店。ミシュランガイド東京版（2008年）でも最高評価の三つ星を獲得。所在地＝東京都中央区銀座4の2の15塚本素山ビル地下1階［☎03・3535・3600］日曜・祝日休。

【小野二郎】 名店「すきやばし次郎」の御主人。1925（大正14）年生まれ。自宅の中野から店のある銀座数寄屋橋まで電車で通い、昼、夜と、つけ場に立つ、現役最高齢と目される鮨職人である。

べたいと思ったら、やっぱりここだ。

何しろ秋口、サケが川へ遡上する前のものしか使わない。二郎さんは、その皮の柔らかい生イクラを醤油漬けにしたら、マイナス50度の超低温冷凍庫で一気に凍らせる。解凍するときは、これをいったんマイナス10度の冷凍庫に移してじっくり温度を上げ、さらに頃合いを見て冷蔵庫へ移す。解凍ひとつとっても、三段階の手順を踏む丁寧な段取りがある。だからこそ、二郎のイクラは一年中、旬の時季の軽やかで華やいだ味わいがする。これは、まだイクラが東京では珍しかった昭和の末頃、何とか通年の種にしようと数年がかりで試行錯誤してあみ出した努力の結晶だ。

確かに今は、デパートやスーパーに行けば、そこそこの味の瓶詰めを中心としたイクラ、あるいは筋子がいくらでも買える。北海道なら、最近ではスーパーやデパートの生鮮食品売り場で、生筋子が秋にはフツーに並べられている。それを購入して、手作りする家も珍しくない。銀座の一流寿司屋が冷凍までして扱う高級種では、もはやないかも知れない。でも、だからこそ、二郎さんがいまだ地道に続けるイクラへのこだわりが、道産子にはどうにもうれしいのである。

❖**豚丼**

シンプル丼が雄弁に語る十勝人の食のベースは豚と豆にあり

豚丼の主役は何か。豚肉に決まっている。じゃあ準主役は何か。ほかほかのご飯か、甘辛のタレか、真っ黄色のタクアン（沢庵でもたくぁんでもなくカタカナが似合う）か、赤だしの味噌汁か。

どれも違う。僕的には、これらは絶対的主役である豚肉を支える脇役に過ぎない。ふだんは主食たるご飯すら、豚丼の中ではどうも存在感が薄い。丼からはみ出さんばかりのロース肉（またはバラ肉）がご飯を覆い隠しているビジュアルのせいもあろうが、大ぶりで厚みのある肉へかぶりつく最初のかみ心地が鮮烈過ぎて、ご飯の印象はどうしても薄まるのだ。

じゃあ、その豚肉を向こうに回して一歩も引けを取らないオーラを

【豚丼】帯広の名物のひとつ。厚めにスライスした豚肉をじっくり焼きあげ、砂糖と醬油がベースのたれに漬け込み、ご飯の上に乗せた丼もの。

放つ準主役とは何か。それはずばり、グリーンピースだ！　世の中、何が気になるって、豚丼の上にはらりはらりと散るグリーンピースほど気になる存在はない。

《なぜにグリーンピース？　白髪ネギや紅ショウガじゃあいけないのか？　肉の上に5〜6粒が申しわけ程度に乗っているのはなぜじゃ？　ご飯に紛れ込ませちゃやっぱりいけないのか？　そもそも昔はチキンライスやオムライスの中にもよく紛れ込んでいたお主の正体はいったい何者？》ってなことを考えてしまうこと自体、グリーンピースに強烈なキャラを感じるではないか。

豚丼を知るにはグリーンピースを知らなきゃいけない。と言うわけで日頃愛用する『日本食材百科事典』（講談社編）を改めて見たら、グリーンピースって、エンドウ豆のことだったんですね。若い鞘ごと食べればごく一般的な絹サヤ（ほかにオランダザヤ、フランス大ザヤなどがある）で、さらに大きくなった若いむき身がグリーンピースってわけ（ただし絹サヤとは品種が異なる）。

昔は豆ご飯にグリーンピースをよく使ったし、家にも缶詰が常備されていた。それが、いつの間にかあんまり食べなくなったし、見かけなくもなった。それなのに帯広名物の豚丼では、律義に現役で頑張っている。《おお、久しく見なかったけど元気だった?》と肩でもたたきたくなるような郷愁が、淡いライトグリーンの彩りと相まって、丼内におけるグリーンピースの存在感をぐっと高めている。

やっぱり「豚」に対して「豆」を持ってきたところがミソだと思う。もともとはどっちも帯広や十勝に縁の深い食材だからだ。

十勝の養豚は、帯広開拓の先駆者である依田勉三の晩成社が1884(明治17)年にパークシャー種とヨークシャー種の豚計4頭を持ち込んだのが始まりで、歴史は古い。ただ、養豚とは言っても実態は農家の自家用飼育が主体で、飼育頭数が1万頭を超えるのは昭和30年代に入ってから。酪農に比べて大規模化はむしろ遅く、十勝は決して養豚王国ではないのだ。道内で飼われている豚はざっと54万頭だが、支庁別で十勝は4万3000頭にとどまり、渡島11万5000頭、網走9万9000頭、上川7万9000頭などに比べて数字的には寂しい。

だがしかし、豚肉を商いの対象とはせずに、もっぱら自家消費へまわしたという歴史があったからこそ、十勝人の豚肉に対する愛情はより深まり、ついには、超個性的な豚丼なるメニューも生まれたのではないのか。帯広の豚丼と言えば**「元祖豚丼のぱんちょう」**の名前がまずは挙がる。その名物誕生の由来は、豚丼の専門サイト[BUTADON.com](http://www.butadon.com/)に詳しいが、もともとは地元の豚を庶民が食べやすいよう、鰻丼に近い味を考えたということなのだ。

その、いわば十勝の風土の象徴である豚に対し、豆もまた十勝が本場だ。大豆に小豆。金時、うずら、大福、とら豆などのインゲン豆。豆が身近にある土地柄ゆえ、豚丼にも何らかの豆を置きたくなるというのは、僕は無意識の意識として絶対あると思う。

えっ、グリーンピースは地元産じゃないだろうって。まーた、そういう硬いことを。そんなこと言ったら豚肉だって十勝産と限定した豚丼など、今はほとんどない。さっきも書いたとおり、数だけ見たら十勝は豚肉王国ではないんだから。大事なことは、十勝人の食のベースは豚と豆にあり――という「心」の話だ。肉とグリーンピースのみの、ほかに具は何もないシンプルな丼が、その心を雄弁に語っているんだなあ。

【元祖豚丼のぱんちょう】 1933(昭和8)年創業の豚丼専門店。帯広名物「豚丼」のパイオニア的存在の店。所在地＝帯広市西1条南11丁目19［☎0155・22・1974］月曜、第1・3火曜休。

❖**茹でトウキビ**

初恋の女性と公園のベンチでほお張ったのは…

札幌の中心街を東西に貫く大通公園。全長１・５キロ、幅１０５メートル（道路部分を含む）、面積８ヘクタール。92種４７００本の樹木と90の花壇が連なり、雪まつり、ＹＯＳＡＫＯＩソーラン、ビアガーデンなど、何がしかのイベントが続く巨大都市公園の片隅に、ぽつねんと椅子に腰掛ける**石川啄木像**が立つ。隣の歌碑には、

しんとして　幅広き街の　秋の夜の
玉蜀黍の　焼くるにほいよ

とある。１９０７（明治40）年、わずか1カ月足らずながら、初めて札幌に居を構えた啄木の、ある日の感慨である。荒涼とした石狩の未踏の原野に抗い、碁盤上に広がる人工の街路。そのとらえどころのな

【石川啄木像】 詩人・石川啄木の没後70年を記念して、札幌在住の彫刻家、坂坦道の制作により１９８１（昭和56）年、大通公園西３丁目北西に建てられたブロンズ像。

い、しかし確実に近代的な広がりと威容は、間違いなく若き天才歌人の度肝を抜いたに違いない。

それにしてもだ。明治の末、秋の夜長に焼きトウキビの、あの香ばしい匂いが「幅広き街」に漂っていたとは、さすが札幌ではないか。何しろ記録を見る限り、日本で確実にスイートコーン（つまり家畜兼用じゃない完全食用のトウキビ）の本格的栽培が始まったのは、当時の**北海道農業試験場**がゴールデン・バンタムなる種を国外から持ち込んだ1904（明治37）年、啄木来札のたった3年前のことだ。

1世紀も前に啄木が抱いた感慨を思うにつけ、トウキビと大通公園はよく似合う。と言うか《大通公園でかじりつくトウキビは間違いなく格段に旨い！》と感じる。公園名物のトウキビワゴンから漂う「焼き」「茹で」それぞれのふくよかな香り。焼きは醤油を塗った実がジリジリ焙られ爆《は》ぜる心地よい焦げ臭が、茹では青々しい草っぽさの中に甘い実のエキスが溶け込む爽快な湯気の匂いがたまらない。この公園の持つ独特の開放感で、お互いの香りが共鳴する。そこがまずいい。

で、1本300円の現物にかぶりつくのだが、どうせなら生トウキビが出回る7月下旬以降に味わいたい。冷凍ものもそれなりだけど、

【北海道農業試験場】北海道立農業試験場のこと。現在は、農業と畜産に関する施設が道内8カ所にある。本場の中央農業試験場は、空知管内長沼町。北海道の各地域に適した作物や栽培技術の開発、家畜の育成や飼養技術の開発、食の安全やバイオテクノロジーに関わる研究などを進めている。

瑞々しさというか実の張りというか甘みというか、生は紛れもなく違う。問題は、その採れたてを焼きでいくか茹でていくかだ。

結論から言えば、僕は茹で派だ。ちなみに普段なら焼きを採る。今のトウキビは、果皮が軟質で生食可能なスーパースイート種が主流。生で食べられるものなのだからしっかり熱を通す必要はない。つまりは《茹でて旨みを水に逃がすより直焼きして旨みを閉じ込めるほうが筋かな》などと思いつつも、なぜか大通公園では茹でトウキビに気持ちがなびく。なぜか。それは僕がこの公園で最初に食べたトウキビが、たまたま茹でだったからである。なーんだ、と思われてもいい。食というものは、どうも原体験がその後の人生を大いに左右するらしく、オジサンはそのトラウマから抜け切れないのだ。

1973（昭和48）年夏、小学校6年だった僕は、2学期の終了を機にそれまで住んでいた釧路から札幌へ引っ越し、ただ一度の転校を経験した。卒業を目前にしての転校は結構きつく、秋風が吹き出した頃、音楽コンクールの道大会に参加するため釧路の旧友らが札幌に出てきたときは、泣きたいくらいうれしかった。

その釧路時代の仲間のひとり（はっきり言えばオジサンにとっては初恋の

女性）である彼女と公園のベンチに腰掛けてかじったのが茹でだったのだ。味は覚えていない。でも、転校したての心細さ、秋風の冷たさ、枯れ葉のカサカサとしたざわめきの中で、茹でトウキビのジンワリした温もりの切なさが体中に染み渡った。改めて調べたら、この年に大通公園で売られたトウキビは実に93万本で歴代1位（最近はおおむね20万本台）、まさに《大通公園＝トウキビ》という絶頂期に、僕は忘れられない茹でトウキビを味わったことになる。

最後に私見をもうひとつ。岩手生まれの啄木は「玉蜀黍＝トウモロコシ」と詠んだが、道産子ならやっぱり「トウキビ」か「トウキミ」である。要するに外来《唐》の穀物《黍》という意味合いの和名で、言葉自体に北海道的特殊性はない。全国的にもその呼称は「コウライキビ」「トウミギ」「サツマキビ」「アブリキ」など、実に260種類超の言い方がある。その中で、トウキビという言い方が比較的定着していた地域（山形、石川、福井、山口、九州全域など）からの移住人口の多さが、道産子にトウキビという言葉を定着させた理由という気がする。つまり、トウキビという言葉自体が、移住の歴史である北海道の象徴でもあるわけだ。

❖山ワサビ

日本に自生のホンワサビが柔なら まさにこっちは剛

僕にとって**スルメイカ**（マイカ）は夏の涼味だ。釧路での子供の頃、集魚灯を気前よくぶら下げたイカ釣り船が釧路川の岸壁沿いを陣取るのは6月ぐらいからだったと記憶する。この時季になると、近くの漁師が朝獲りのものをトロ箱に入れてよくお裾分けしてくれた。

全身が光り輝く濃い茶褐色に覆われた新鮮なスルメイカは、刺身にするとパキパキと弾けるようなかみ応えがある。特に張りのある耳は、細切りにしても芯が通っているかのようにピンピンだ。鄙びた甘みの中に、ちょっとひねた、ピリッとひきつるような刺激がかすかに混じり、これがまた後を引く。

で、イカ刺しに欠かせないのが北海道で**山ワサビ**と称する逸品。**ホ**

【スルメイカ】標準和名はスルメイカだが、北海道ではマイカとも呼ぶ。胴の中央部がやや太く足の長いイカ。刺身、煮物、焼き、天ぷら、スルメなど幅広く利用される。北海道の漁期は6〜12月ぐらい、特に夏が旬。

【山ワサビ】標準和名はセイヨウワサビ（西洋ワサビ）で、英語名はホースラディッシュというアブラナ科の帰化植物。道内各地で野生化し、根茎は粉ワサビの原料に使われる。

ンワサビ（沢ワサビ）が柔なら、まさにこっちは剛。ツンと来る辛みが直接的、攻撃的（辛み成分はホンワサビの1・5倍！）で、そのくせその辛さが意外に長続きせず、さっぱりしている。さらには根菜（ワサビダイコンの別名も持つ）ならではのいい渋みも後口に乗る。このアクの強さが、先述したスルメイカ独特の刺激と妙にウマが合う。もちろんショウガ醤油もいけるが、うちは限りなく山ワサビ派だった。

この山ワサビ、もともとは東ヨーロッパあたりが原産で、日本へは明治以降、開拓使によって道内にもたらされた。その後は半ば野生化して山菜のひとつになってしまったわけだが、今は十勝や網走を中心に栽培ものも定着している。と、ここまではいいのだが、この先からが僕的には悩ましい。実は昨今の栽培モノは、ほとんどがいわゆる粉ワサビやチューブ練りワサビの原料になっている。これがどうにも引っかかるのだ。

何を隠そう、僕は無類の寿司好きである。三度の飯より寿司が好き、《蓼食う虫もスシスシ》という下らないしゃれが即思いつくほど、偏執的な寿司好きである。出張にかこつけては全国の寿司屋をジバラ（自腹）でさすらいまくった決死の日常を『寿司おたく、ジバラ街道をゆく』

【ホンワサビ】標準和名はワサビというアブラナ科の多年草。北海道では主に渡島半島、多くは本州以南に自生。北海道では登別市などで栽培もされている。セイヨウワサビと区別する意味でホンワサビと呼ぶ。また、野生の天然ワサビを沢ワサビ、栽培ものをオカ（丘）ワサビと呼ぶ地域もある。

（講談社）という本にもまとめた。

そんな寿司好きの道産子として敢えて言いたい。ふるさと北海道には《心から旨いッ！》と思える完成された握り寿司が、あまりにもなさ過ぎる。先の本ではその理由として、北の魚介は全般的に脂が重た過ぎ、酢飯とのバランスがイマイチということを挙げたのだが、実はもっと根本的な問題がある。

そう、ワサビなのだ。本物のホンワサビ、即ち昔ながらの日本に自生するホンワサビをきちんと握りに添えている店が、道内では涙が出るほど少ない。もうほとんどが粉ワサビか出来合いの練りワサビを臆面もなく使っている。僕はいい寿司屋である最低限の基準として、次のふたつを重視する。まずはガリ（酢ショウガ）が自家製であること、そしてワサビが本物であること、だ。

断っておくが、回転寿司や街場の庶民的な寿司屋とか、全部が全部にこのふたつの条件を求めているわけではない。出来合いのガリや粉ワサビを使うことで価格を抑え、リーズナブルに寿司を食べてもらおうという料簡なら、それはそれで大いに結構。しかし、少なくとも普通に飲み食いして諭吉さん１枚以上を取る価格帯の寿司屋であれば、ガリもワサビも本物を使うことが、寿司屋としての基本的な良心ではないか。

　だが僕の感じでは、道内で徹頭徹尾、本物のホンワサビだけを使っている寿司屋は、下手したら10軒もないんじゃないかという気さえする。先日も札幌のススキノで全国的な実力店と評判の店に入ったら、明らかにホンワサビと練りワサビを混ぜたものを使っていた。焙ったホッキ、適度に熟成を重ねた中トロ、しっかり身の太ったシャコと、タネはどれもいい按配だっただけに、最後の最後で裏切られた感じがして余計に哀しかった。

　確かにホンワサビは値が張る。東京・築地市場には静岡、長野、岩手といった産地からニンジンみたいに野太い数年ものの高級品が集まっているが、特等クラスともなれば卸値でキロ2万円は下らない。下手な近海ホンマグロよりも高いのだ。それでも東京ならそこそこの寿司屋でさえ意地でもホンワサビにこだわり、絶対に粉や練りには手を出さない。それが江戸前寿司の品格であり、心意気だからだ。

　こう書くと、あるいは道内の握り職人の皆さんから、こんな反論が返ってくるかもしれない。「いいホンワサビの主産地は内地で、結局上物は東京や内地の大都市圏に流れて北海道にはやって来ない。それなら粉や練りの高級品を使うほうがむしろいいべさ」と。

いいえ、ダメです。いいですか、今、僕の手元にあるその〝高級練りワサビ〟の原材料名にはこうある。《西洋ワサビ、本ワサビ、なたねサラダ油、環状オリゴ糖、酸味料、香料、香料抽出物、着色料（クチナシ、紅麹）、V.C》。どんなに高級で、どんなに純度100％のホンワサビに味が近いとしても、油脂や香料などを人工的に加えたワサビもどきでは、例えば北海道の雄大な自然を曇りガラス越しに眺めるような、隔靴掻痒的不自然さがどうしてもぬぐえない。

それならというわけで、僕は敢えて皆さんに問いかけたい。北海道の風土が育んだ、土っぽさの残る素朴な山ワサビをもっと内地の人々に知ってもらうためにも、100％道産の山ワサビで勝負する寿司屋がそろそろ出て来てもイイのではないか。少なくとも山ワサビはスルメイカ、サンマ、サバ、カンパチ、中トロ、イワシ、カツオなど、適度なクセや脂をもったタネには間違いなく合う。ホンワサビに比べて粘り気や水気がなく繊維質が目立つぶん、酢飯やタネに寄り添いにくいハンデは確かにあるのだが。

しかし、これも使う量を調節するとか、山ワサビの香りだけをタネか酢飯に移すとか、敢えてタネの上に山ワサビを置く(かみ始めは繊維質のざらつきが直接酢飯に影響しない)とか、いくらでも工夫の余地はあると思う。

山ワサビとスルメイカの相性をよく知っている道産子の端くれとしては、どうしたって寿司と山ワサビの相性にも大いなる可能性を感じざるを得ない。近い将来、意気に感じて凄腕の山ワサビの使い手が現れることを、僕は大真面目に信じている。

❖月寒あんぱんと北海道みそパン

普通のアンパンとはまるで違う道産子にしかわからぬ道産子の味

何でこれがパンなのか。生地はちっともフワフワしてないし、堅めの焼き加減でしかも薄い。この薄皮で小豆のこし餡をこれでもかというくらいにたっぷり包んだ円盤型のフォルムは、むしろ中国菓子の月餅に近い。「月寒あんぱん」のことだ。

札幌っ子なら、1度は見たり聞いたり食べたりしているだろう。札幌ドームが間近に控える月寒に工場を構える「**ほんま**」が、1906(明治39)年の創業時から作り続けるロングセラーだ。1個105円。直径8センチと小ぶりながら手応えがある。十勝産の小豆を丁寧に練ったあんこは頭の芯に響くように甘みが効き(これでも以前よりは控えめだそうだが)、大きさや厚みや薄皮の焼き具合が微妙に違う外観と相まっ

【ほんま】 初代の本間与三郎が月寒村(現在の札幌市豊平区月寒)にて1906(明治39)年に個人創業した和洋菓子製造・卸・小売の老舗。本社所在地＝札幌市豊平区月寒東2の3の2の1［☎011・851・1264］本社併設の売店は日曜休(祝日は営業)。

て、昔ながらの手作りを連想させる味だ。
でも、やっぱり何でこれがパンなのか。普通のアンパンとはまるっきり違うべさ。で、ホームページを見ると、どうもアンパンという実物を見ないまま勝手に想像を膨らまして出来ちゃったのが、このユニークな菓子の始まりらしい。

明治の初め、東京で後に「**木村屋總本店**」を創業する木村安兵衛が作った「桜あんぱん」が銀座で大受けしている――遠く月寒でその噂を聞いた菓子業者が全くの自己流で月餅みたいなまんじゅうを作り上げ、その業者から製法を教わった「ほんま」初代の本間与三郎がそのアンパンを妻とともにひとつひとつ手作りしたのが「月寒あんぱん」だ、と言うのだ。当時、月寒には道内最大規模の陸軍第7師団歩兵第25連隊が置かれていた。彼らが月寒から平岸に抜ける道路（今の市道月寒7丁目線）を新設する際、時の豊平町長が兵士1人ずつに「月寒あんぱん」5個を差し入れたことから、その道路が「あんぱん道路」と呼ばれる後日談まで付いている。

体力仕事の兵士には、フワフワ頼りないアンパンより、あんこの詰まったこっちのアンパンのほうがよっぽどありがたかったに違いな

【木村屋總本店】１８６９（明治２）年に木村安兵衛が東京は芝の日陰町にて「文英堂」を開業、その後、屋号を「木村屋」と改称。１８７４年に「酒種あんぱん」を考案、発売したのが始まりという老舗。銀座木村屋總本店＝東京都中央区銀座４の６の７［☎０３・３５６１・００９１］

い。作る側も食べる側も東京のアンパンを知らないまま「月寒あんぱん」が生まれちゃったという経緯は笑っちゃうが、創造の現場って案外こんなものだろう。

と言うわけで、札幌っ子の僕としてはもちろん「月寒あんぱん」のファンだが、「ほんま」にはそれ以上に僕が愛してやまないパンがある。その名も「北海道みそぱん」（4個入りのひと袋が210円）。そう、懐かしの味噌パンである。北海道味噌の風味が香るようで香らぬような、微妙なしょっぱい甘みが「月寒あんぱん」同様の堅めの生地全体に行き渡り、四角く成型されている。上に白ゴマを散らしただけの素朴な外観は、水で戻したら表面が皺々になっちゃった大型の乾パンみたいだ。

まずネーミングがいい。月寒からいきなり北海道ですよ。ホームページによると「香ばしい北海道味噌を練り込んで風味豊かに焼き上げた」のが命名の由来らしいが、北海道味噌とはいったいどんな味噌かの説明はない。ま、要するに道内のメーカーが作る味噌を使ってますということなんだろうが、北海道という括りでさっさと片付けちゃう大ざっぱさが、道産子にはグッと来る。

もっさりとした、やや粘りに欠ける、やっぱりパンらしくない生地を改めてかみしめれば、これが不思議な味わいなんですよねえ。さっきも書いたように、「みそぱん」を名乗りながら味噌味噌してない。甘みと塩気が軽やかに並立しつつ、どこかバタ臭いコクもある。和風であって洋風でもあるような、敢えて言えば、全国津々浦々から集まった地方人がごった煮的に作り上げた道産子文化の重層性とまさに重なる味なのだ。もちろん味噌パンは北海道限定ではない。でも僕の知る限り、内地の味噌パンはもっと味噌の香りがキツイし、生地も本来のパンにずっと近い。アンパンの餡部分に味噌餡を入れたもっとわかりやすい味噌パンもある。少なくとも「北海道みそぱん」みたいな茫漠としたイメージでは決してない。

「月寒あんぱん」は、はっきり地域を限定したご当地菓子で、こし餡の性格もはっきりしているから、東京のデパートなどで開かれる北海道物産展でも人気商品なのは納得できる。対してこの「みそぱん」の〝茫漠テイスト〟が津軽海峡を渡ることは……、たぶんないだろうなあ。でもそれでいいと思う。道産子にしかわからない道産子の味がないと、道産子としてはやっぱりつまらないもんね。

❖マルセイバターサンド

パッケージも味もナンもカンも北海道だべさ

僕が北海道土産として人に渡すのは「わかさいも」と別章に書いたが、逆にもらってうれしい北海道土産はずばり、マルセイバターサンドである。僕的にわかさいもは《こんな個性的な菓子、他にあるってか〜い》と人に自慢したい土産であり、マルセイバターサンドは《いや〜、パッケージも味も、ナンもカンも北海道だべさ》と改めて自己確認したい土産なのだ。

まずパッケージ。情熱の赤色がベタッと銀紙に張り付き、そこに蔦が絡まるかのような不思議な植物風文様が描かれている。中央には円が置かれ、中に大きく「成」の文字。このマルセイマーク《○＋成》の両脇に「バタ」と古めかしいカタカナが並ぶ。レトロだけど斬新で、武骨だけどおしゃれだ。

札幌の中島公園に、豊平館ってありますよね。1880（明治13）年に開拓使が建造した国の重要文化財。水色の縁取りも鮮やかな白亜の洋館は、半円形のバルコニーや車寄せといい、意匠を凝らした中のシャンデリアやメダリオン（天井飾り）といい、明治の欧化政策の匂いがプンプン香る。まさに北海道の近代化遺産の顔だ。

その豊平館の佇まいとマルセイバターサンドのパッケージが、道産子の僕には、はっきりと重なる。豊平館もまた、レトロだけど斬新で、無骨だけどおしゃれなのだ。で、両者に共通するピッタリのキーワード、それは「バタ臭さ」である。

手元の『三省堂国語辞典』にはこうある。

〔バタくさい〕西洋かぶれしているようす。西洋ふうなようす。

豊平館がバタ臭いのは当たり前だ。〝脱亜入欧〟の空気が充満していた明治の初め、その前線地でもあった北海道で、国内初の本格派西洋式ホテルを作ろうというのだから、そこに当時の日本人が思い描いた西洋への憧れが反映されるのは、ごく自然だろう。

じゃあ、一方のマルセイバターサンドのパッケージもなぜ同様にバタ臭いのか。包装用の外箱にその理由が記されている。

「デザインは明治三十年代十勝開拓の祖、依田勉三が経営した依田牧場でバターを発売した当時使用したものでございます」。

依田勉三は「豚丼」の章で触れたように、1883（明治16）年に当時ほぼ未開の地だった帯広へ入り、養豚にハム製造、小豆・大豆の栽培、木工場の開設や牧場経営など、十勝の農林畜産業の礎を築いた人。その彼が1905（明治38）年に道内で初めて商品化したバターの包装紙を復刻したものが、このパッケージだ。そこに明治の欧風志向が色濃く出るのも、やっぱり自然である。

そのバタ臭い銀紙をむき、バターサンドを食べる。バターとホワイトチョコレートを練り合わせた、たっぷりのクリームにレーズンを混ぜ込み、これを長方形のビスケットで挟んでいる。バター、ホワイトチョコ、レーズン、ビスケット。高度成長時代の真っ只中に生を受けた僕としては、この4つが束になってかかって来るお菓子もまた「バタ臭い！」と言わずしてナンと言おう。

とにかく味わいが濃厚。クリームはコッテリまったり、甘いというより甘ったるい。でもそこへレーズンのスパイシーな酸味が割って入っ

【ウイスキーボンボン】 チョコレートでウイスキーを包んだ菓子を呼ぶ。元々は砂糖で作った殻にナッツ類などをくるんだ菓子をボンボン菓子と呼んだことにちなむ。ボンボンはフランス語で「良い」を意味する形容詞 bon を2つ重ねたもの。

て甘さにダレた舌を刺激し、かすかに湿り気を帯びたビスケットの素朴な野性味がクリームのズシリとしたコクをしっかり受け止める。

　が、バタ臭さの正体はそれだけじゃない。原材料欄には《砂糖、バター、小麦粉、レーズン、ココアバター、卵、全粉乳、アーモンド粉末》と来て《ラム酒、リキュール、ブランデー》と続く。この3つの洋酒こそ、実はこの菓子の味の決め手だと思う。要するにオジサン世代は、**ウイスキーボンボン**みたいに洋酒系がガツンと入った砂糖菓子を見ると、それだけで異国情緒＝バタ臭さを嗅ぎ取ってしまう。

　何しろワインといえば**赤玉ポートワイン**、高級ウイスキーといえば**ジョニ黒**ぐらいしか思い浮かばなかった、それほど洋酒というものが縁遠く、かつ憧れでもあった時代の1977（昭和52）年にバターサンドは誕生している。昭和の初めに十勝でのれんを掲げた帯広千秋庵が、屋号を今の六花亭に変えて再出発した、まさにその年だ。だからマルセイバターサンドは、製造元である六花亭の看板商品と言えるのだ。

　という流れを追うにつけ、豊平館や依田勉三の時代から変わらない〝日本的洋風〟の在り様を、この菓子はちゃんと受け継いでいる。それが中年オジサンの心にズシンと響くわけだ。

【赤玉ポートワイン】1907（明治40）年、寿屋洋酒店（現・サントリー）から発売された甘味果実酒。国産ワインの第1号として知られる。

【ジョニ黒】12年以上熟成したモルトをブレンドしたブレンデッドウイスキー「ジョニーウォーカー黒ラベル」のこと。海外旅行に行くことがまだ難しい時代には、高級な洋酒の代名詞だった。

❖ニシン漬け

身欠きの野性味をどれだけ上手く残して漬けたか！

京都の台所、錦市場に程近い麩屋町通にひっそりと渋いのれんを掲げる「**晦庵**《みそかあん》　**河道屋**《かわみちや》」は、うどん文化圏の古都にあって元禄、宝永の頃からそばを商う、300年の歴史を持つそば屋だ。数奇屋風の、雅に枯れた町家ですすするは名物「にしんそば」（1050円）。丹波の山芋粉をつないだ白っぽい太目の麺が、昆布の効いた薄地のつゆにそよぎ、麺の下で**ニシンの棒煮**がちらっと顔をのぞかせている。〝主役〟を一見、奥ゆかしく隠しちゃうところが、いかにも京風か。

この棒煮、道産子の僕にとっては懐かしいようで目新しいような、淡いようで濃いような、ニシンであってニシンでないような、何とも奇妙な心持ちになる仕上がりだ。身欠きニシンのアクやクセ、小骨す

【晦庵　河道屋】江戸時代から続く生そばの老舗で、そばをかしわ肉や湯葉、九条ねぎなどと共に具だくさんの鍋にした芳香炉（ほうこうろ）も名物。本店所在地＝京都市中京区麩屋町通三条上ル［☎075・221・2525］木曜休。なお、同系列の総本家河道屋は、京都の伝統的な菓子舗。

【ニシンの棒煮】半身になっている身欠きニシン1本を、切らずにそのまま砂糖や醤油、みりんなどで棒状に煮詰めたもの。生臭さを取り除くためアク抜きに時間をかける。煎茶や梅干などを使うところもある。

らも徹底的に除いた上で、ほろほろと崩れる直前まで柔らかく煮付けている。甘辛のしっかりした味付けは、薄口ながら滋味深いつゆといい相性で、麺をたぐるうちに棒煮のエキスや小片がつゆに溶け、つゆの旨みが刻々と変化していく。《いやあ、お前もはるばる北海道から都へ上って来たら随分垢抜けたんでないかい》、目の前の棒煮が果たして道産かどうかは判然としないが、そんな感慨を禁じ得ない。

京の代表的おばんざい「にしんの昆布巻き」は、江戸の昔から北前船が北海道より運んだ身欠きと昆布による傑作だ。明治の初めとされるにしんそばの誕生もしかり。年に一航海が当たり前だった往時、むしろで覆われただけの、野ざらしと言っていい状態で運ばれてきた粗野な身欠きをどうこなれた洗練の味に仕上げるか。そこに都人の美意識が連綿と投影されていたわけだ。したけどねえ、僕みたいな天邪鬼な道産子は、にしんそばのしみじみとした味わいに十分納得しつつ、端正かつ枯淡なる姿で丼に収まる身欠きの棒煮に、つい言いたくなる。《お前はそれで本当に幸せか？》。

確かに京都を中心に、関西圏で味わう自家製のひと手間かけた棒煮は格段に旨い。そのことは素直に認める。しかしだ、身欠き本来の喉ちんこを直撃するいがらっぽい苦み、重低音みたいに舌へ響く酸み、きしきしと歯にまとわるしつこい繊維質、食道全体に居座る刺々しいえぐみ……。そういう粗暴というか野蛮というか、およそ洗練とは真逆の野性味を知っているだけに、それがここまで去勢されてしまうことが、どうにも物悲しいのだ。

などと考えるうち、脳裏に鮮やかに浮かぶのは、漬かってまだ日の浅いニシン漬けの、ヌメッと生々しいまでの艶と照りだ。米のとぎ汁に浸け、程々に（あくまでホドホド、この加減こそが勝負！）特有の癖を抜いた身欠きと、ダイコン、キャベツ、ニンジンなどを麹主体で漬ける。塩、砂糖、酢、生姜、赤唐辛子などの割合でも出来栄えは俄然違うが、しかしポイントは断然《身欠きの野性味をどれだけ上手く残して漬けたか》だ。

漬かりが浅いとその具合がよくわかる。鼻先がちょっとひん曲がるぐらいに、ひねた香りがプンプン残る身欠きの、何ともいえない懐かしい臭み。これが、冬場はシャクシャクと凍りかけのキャベツやダイコンの冷たさとよく合って、こめかみがツンと来るような旨みを感じたら、そのニシン漬けは大正解だ。

僕が子供の頃、いや、そこそこの大人になってからも、実家には日常的にこのニシン漬けがあった。うちのは特に身欠きのアク抜き加減が弱かったせいか、漬かった後も依然脂焼けの匂いが残り、時にアンモニア臭さも漂う。だから子供の頃は、身欠きを箸で除け、もっぱらダイコンやキャベツをかじってお茶を濁していた。

それがいつからか、この漬け物が出るとまずは身欠きニシンへと箸が伸びるようになった。思うにそれは、僕が社会人になって5～6年たった頃、1カ月ほど京都に長期出張する機会があり、河道屋などのにしんそばを連日飽かずにすすってからのことだ。

あんなに〝食えないヤツ〟だったのが、ここまで侘び寂びの世界に溶け込んでいる。その羨望ともやっかみとも、あるいは諦念とも義憤とも尽かない複雑な心境が、恐らく食えなかった頃の身欠きに対する愛着へと向かったのだろう。

でも、それでニシン漬けの本質的な旨みを知ったのだから、そういう意味でも実は、にしんそば様々なのである。

❖三平汁と石狩鍋

道産子にとっては汁物系ソウルフードの両横綱

三平汁と石狩鍋。道産子にとっては間違いなく汁物系ソウルフードの両横綱だ。で、僕は両者の関係を敢えて親子だとこじつけたい。親は極貧の環境から一代で財を成した苦労人、対して子供は自由気ままな苦労知らずのボンボンという構図。もちろん三平汁が親で、石狩鍋が子だ。両者は強い絆で結ばれながら、どうも愛憎相半ばしつつ、互いに素直になれない間柄なのだ。

説明しよう。まず三平汁。これはサケ、ニシン、タラなどの塩引き、あるいは糠漬けをダイコンやニンジンなどの根菜類と一緒に昆布だしであっさり煮たもの、というのが僕らの世代のイメージだ。魚に既に濃い塩味が付いているからその塩気を生かすわけ。うちでは必ず深い鉄鍋で煮るのがお約束で、ま、素朴な田舎料理そのものですね。
三平汁の起源は、農山漁村文化協会が大正から昭和の初めにかけての道内食事情をまとめた『聞き書　北海道の食事』に詳しい。同書によれば、18世紀末にはもう「サンペ汁」「サンヘイ」の記録があり、この頃には日本海沿いを中心にしたニシン漁場の代表的な料理になっていたと考えられる、という。

当時は内臓ごと塩漬けにした魚介から染み出す汁（原始的な魚醤や**しょっつる**ですね）でフキ、ヨモギ、タンポポ、イタドリなどを煮込んだというから、かなり匂いのきつい、しょっぱい味だったろう。漁場で肉体労働に明け暮れる**ヤン衆**にはこの塩辛さで良かったかも知れないが、時代が下った都市部で食べるにはもうちょっと優しい味付けが無難だ。ってことで、塩漬け段階で内臓を除いたり、煮込む前に塩抜きをしたり、山菜・野草の類を根菜類に変えたりなどの変遷を経てやっと今の三平汁の基本型が出来上がったはずだ。

うちで作る三平汁は、軽く塩引きにしたサケのアラがメーンだった。**氷頭**《ひず》など頭を手始めに、尾っぽやヒレの付け根、中骨の周り、腹身の底（マグロで言うと砂ずり）といった、見栄えのいい切り身以外の部分を

【しょっつる】魚醤や塩汁、ハタハタ醤油、イワシ醤油などと呼ばれる調味料の一種。イワシやハタハタなどを生のまま瓶に入れて塩漬けしたもの。その上澄みが調味液となり、数年寝かせたものは最高という。

【ヤン衆】ニシン漁が盛んだった往時、内地（主に東北）から出稼ぎに来ていた、漁が目的の季節労働者をいう。

ざっと湯通しして余計な塩分を抜き、これをダイコン、ジャガイモ、ニンジンとたっぷりの昆布だしで煮る。

沸騰して余計なアクが出たり汁が濁らないよう、弱火でゆっくりじっくり火を通す。軟骨や中骨にへばり付いた肉や皮、ゼラチン部分を歯でこそげながら汁をすすると、懐かしいような切ないような潮の香りがのどの奥まで一気に広がる。まさに往時のヤン衆の苦労が忍ばれる味わいだ。

で、三平汁に使わず温存した切り身はどうなるかというと、そう、石狩鍋になっちゃうのだ。やはり水に浸して塩を抜いた切り身をキャベツ、長ネギ、ハクサイ、シュンギク、ニンジン、ダイコン、豆腐、コンニャクなどと今度は土鍋で煮る。味付けは味噌ベースで、時に酒粕や牛乳を加えたりバターを落としたりと、なかなか豪華でハイカラだ。締めにラーメンを入れるのもオツですね。全く三平汁のアラとは違う破格の好待遇である。

この石狩鍋、元々は石狩浜で実に1880（明治13）年からサケ料理専門の割烹を営む「**金大亭**」が元祖と言われている。三平汁がニシン漁場の素朴な漁師料理なら、石狩鍋は連日鮭漁で賑わった千石場所な

【氷頭】サケの鼻（頭の先）の軟骨部分のこと。薄切りの甘酢漬けにした「氷頭なます」は氷のような透明感があり、独特の歯ざわりで酒の肴に喜ばれる。

【金大亭】石狩浜近くにある1880（明治13）年に創業されたサケ・マス料理専門店。風情ある木造建築で今は4代目が昔と変わぬ味を守り継いでいる。所在地＝石狩市新町1［☎0133・62・3011］不定休。

らではの、ある意味贅を尽くした大尽料理だ。だから具も多彩だし味付けも複雑濃厚になるわけで、この店では生の切り身やアラを使い、食べ頃になると山椒を全体に振り掛けて仕上げるのが特徴だ。野菜にタマネギを使うのもミソで、甘みの強い白味噌系のコクとタマネギの甘みの相乗効果で、鍋全体がグッと華やぐ。

ただ、石狩鍋という呼称が定着するのは、実はかなり時代が下ってからのことだ。例えば『食材魚介大百科　サケ・マスのすべて』(平凡社)によると、『広辞苑』に「石狩鍋」の項目が登場するのは1983(昭和58)年の第3版からだし、先述の『聞き書　北海道の食事』には、石狩鍋の記述そのものが見当たらない(ちなみに同書は86年の刊行)。少なくとも高度成長期ぐらいまでは、北海道の汁物はやはり三平汁が主役だったのだ。

でも今は何だか立場が逆転しちゃって、首都圏の北海道料理専門店でも、まずは石狩鍋がメニューの中心にドンと座っていて、下手したら三平汁は品書きにないことすらある。ま、三平汁がハレの料理じゃないことはわかるけど、北海道料理とうたう以上は、ないと道産子はモノスゴ〜ク寂しいぞ。

❖ホワイトアスパラ

水煮の缶詰はクタッとした歯ざわりと独特のえぐみ

「巨人大鵬卵焼き」と一世を風靡した弟子屈出身の大横綱、**大鵬**が横綱昇進を果たした1961（昭和36）年に僕は生まれた。

自信を持って言えるのは、この世代とそれ以前の子供たちにとって**アスパラ**はグリーンじゃなく、ホワイトだったってこと。それも生じゃなく水煮の缶詰だ。やけにクタッとした歯ざわりと独特のえぐみ。正直、あんまりおいしいとも思わなかったが、ちょっとしたレストランのサラダなどにもったいぶって付いてたから《高級なんだべか？》とも勘ぐっていた。

中学へ入る頃は、すっかりグリーンが主流になっていた。その後とんとホワイトアスパラを見ないなあと思っていたら、春先に取材で出

【大鵬】釧路管内弟子屈町川湯出身の第48代横綱、大鵬幸喜（たいほう・こうき）。本名は納谷幸喜。21歳で横綱へ昇進、高度成長期の日本人に希望と勇気を与え続けた国民的ヒーロー。大鵬部屋の親方を経て日本相撲協会を定年退職後は、相撲博物館第5代館長に就任。娘婿の大嶽（元関脇貴闘力）が大嶽部屋として部屋を引き継いでいる。

かけたオランダとドイツで懐かしのホワイトに再会した。ほとんどのレストランが旬のメニューとして扱っており、極太の4、5本を軽く茹でてオランデーズソース（卵黄＋溶かしバター）をかけたひと皿が１５００円くらいする。

と、これが記憶の味とは大違いなのだ。実に甘みが軽快でさわやか、そして何とも心地いいほろ苦さがじんわりにじんでくる。極上のスイートコーンみたいに軽やかなコク。繊維質へサクッと素直に歯が入り、潔いかみ心地から瑞々しいジュースがあふれる。ウーン、うなる旨さだ。

同行の通訳氏の話から、アスパラは主に南ヨーロッパが原産であること、春を待ちわびる野菜の代表でしかもホワイトが主流であること、盛り土をして地中で育てて収穫するため光が当たらず白くなること、食べられるのは4月下旬からせいぜい6月上旬までであること、などを知った。普通に茎を地上で育てればよく見るグリーンのアスパラになるだけで、白か緑かは地中育ちか地上育ちかの違いだけなのだ。

で、今度は札幌のススキノにある北海道料理の名店「**しんせん**」で茹でたてのグリーンアスパラをポリポリかじりながら考えた。

【アスパラ】 標準和名はアスパラガスという ユリ科の多年草。一般的には「アスパラ」と略称されることが多い。古代ローマの時代から食べられていたが、日本で本格的に栽培され始めたのは、岩内町出身の農学博士である下田喜久三が改良を重ね、１９２３（大正12）年にお隣の共和町で農場を設けてから。

【しんせん】 札幌はススキノにある板前割烹。詳細はp１４６を参照。所在地＝札幌市中央区南6西3　秋水ビル1階［☎０１１・５１２・３７２１］日曜休。

《大鵬時代のアスパラが白かったのは、本家のヨーロッパに倣ったからだろう。でも、土を盛ったり地上に茎が出る前に収穫したりする手間が次第に嫌われ、いつしか緑が普通になったのかなあ……》。

「アスパラのことを知りたいなら岩内さ行ったら。何たって日本のアスパラ発祥の地、何かあるんでないかい？」。そう店主の越後茂樹さんに教えられ、のこのこ出かけた。札幌からバスに揺られて２時間半、積丹半島の根元にある漁師町の街中に、目指す「アスパラ発祥の地記念碑」があった。

そこには１９２２（大正11）年、地元の農学博士、下田喜久三が寒冷地用作物としてホワイトアスパラ用の新品種を開発、40ヘクタールの砂丘地に直営農場を設け、ついでに会社まで興して東洋初の缶詰生産にも成功した、と記されている。その名も**「日本アスパラ株式会社」**。同じ社名の会社が、岩内岳のふもとに今もあった。第２次大戦を挟んで資本の移動など組織の変遷はあったが、96年まではホワイトの缶詰を作り続けてきた。

「50年代から70年代までは、道内中からホワイトを集めてここで缶詰にしていたんです。何しろ採れる時季が5、6月に限られるでしょう。

【日本アスパラ株式会社】下田喜久三が１９２４（大正13）年に設立し、翌年からホワイトアスパラの缶詰の生産をスタートさせた。

大釜で茹でて大きさを選り分け、缶にラベルを貼って木箱へ詰めるまで一気にやらなきゃならないから、労基法もほとんど無視しての人海戦術でした」。

社長の馬場彦造さんがそう往時を振り返りつつ、昔のラベルを見せてくれた。赤い地に白い雪山をあしらい、笠谷幸生もどきのジャンパーが颯爽と宙を跳躍している。《おおっ、懐かしの〝スキー印〟じゃないの！》。ホッケやホッキのフライを親が揚げるたび、これにマヨネーズをかけてしょっちゅう添え物にしていたっけ。

馬場さんによると、ホワイトの衰退は70年代半ば以降、台湾産やら中国産やらの格安缶詰が次々台頭してきたことと、前後して緑黄色野菜ブームが起こり、グリーンものの野菜が注目を浴びるようになったことが大きいという。「ウチでは現在、大手のメーカーさんの受注でペットボトル飲料の生産を手がけています。アスパラとはもう無関係なんですが、自分が社長の間はやっぱり社名は変えたくないですね」。

最近はホワイト本来の味が見直され、時季になると道内産を中心に国産の生をちょくちょく見かけるようになった。札幌などのフレンチレストランでは、旬の重要な食材になりつつある。岩内でも有志が生産者の会を作り、６人ほどの農家がホワイト作りに精を出しているそうだ。

　帰りがけに岩内バスターミナルそばの土産品店で「朝採り」と書かれた生のホワイトを買った。Ｍサイズ数本で３００円。さっと湯がいてマヨネーズをほんのちょっとつけてガブリ。若竹みたいに優しい甘み、そしてタラノ芽みたいにちょっとほろ苦い。自分はグリーンよりこっちのほうが、やっぱり落ち着くなあ。

第3章

なつかしの系

どさんこソウルフード

高嶺の花だからこそクジラに焦がれるオジサン世代

❖鯨の皮のブタジル

実家のある札幌に出張や帰省で寄るたび通う店がある。ススキノの板前割烹「しんせん」だ。店主の越後茂樹さんはTVの料理番組で、時々そのふくよかなえびす顔を見せている。以前は北海道新聞で「和食の四季」を連載していたから、ご存知の向きも多いだろう。

順不同だが、最近、冬に訪ねたときの献立は次のとおりだ。

《鹿肉ローストの冷製、ホヤの塩辛、百合根の梅肉マヨネーズ和え、エゾアワビの塩蒸し、造り（ボタンエビ、須磨ガツオ、シラウオ、サヨリ、カズノコ、スルメイカ）、アンコウのとも和え、ニシン漬、ハタハタの炭火焼、ミズダコの卵とタラの子の醤油漬、タラ白子ポンズ、ヤツメウナギ皮ぎしの炭火焼、ジャガバターのカニ肉ソースがけ、ホタテと芝エビのから揚げ、手打ちそば》。

鹿肉は知り合いの猟師から、ウナギは渓流釣り仲間から、そば粉は昵懇の製粉業者からと独自のルートを持ち、マツタケ、子熊、マガモ、**トキシラズ**、超極太アスパラなどの逸品も、僕は全部ここで味わった。全道にアンテナを張って食材を仕入れるからこその、この多彩なメニューなのだ。

おっと、ひとつ大事な献立を書き漏らしていた。ダイコンと菜の花、それにクジラの本皮をあしらった吸い物だ。その日は**しばれ**のことさら強い夜で、程よくカツオだしの効いた吸い地に、体が芯から温もった。なんといってもクジラの皮からにじむ濃厚な脂のコクと香りが、たまらなく懐かしい。子供の頃は、これが味噌汁になってよく出てきた。ジャガイモ、ニンジン、ダイコン、ゴボウ、ハクサイ、豆腐、コンニャクと具だくさんの汁に、黒縁の皮をつけた半透明の脂身が細切れになってたっぷり入っている。母親はいつもこれを「ブタジル」と言い張っていた。

豚肉の脂身はもちろん大好きだったし、本物の豚汁も食卓に上っていたから、このブタジルはどうも勝手が違う、とは思っていた。だが、

【**トキシラズ**】春から初夏にかけて水揚されるシロザケで、地元ではトキとかトキザケとも呼ぶ。秋に来るべき魚・秋サケが、時を間違えてやってきた〝時知らず〟という意味からその名が付けられた。

【**しばれ**】漢字で記すと「凍れ」と表現されるように凍る（凍れる）ように厳しく冷え込むような寒さのときに使われる、東北や北海道の方言。

こっちに鯨皮という知識がない以上《ふだん食べている豚肉とは違う種類の豚なんだべ。皮が黒いのもそのせいかな》と考えるしかなかったのだ。ま、このブタジル、あんまり好きにはなれなかった。臭いがきつい。アンモニアのような、ひねたような臭気がお椀を近づけるたび鼻に来る。脂やけのきつい、冷凍の安物をろくに湯通しもせず使っていたのだろう。歯触りや舌触りも、皮はゴリゴリ、脂身はザラザラという感じでなじめず、肝心の味も豚肉みたいな甘さがないのだ。クセが強いというか、くどいというか、胸がつかえるというか。大鍋にわんさか作り、だがそれがなかなか減らなかったから、親だって実はあんまり得意じゃなかったはずだ。それでもよくおかずになっていたから、まあ安かったのだろう。

その鯨肉も、今じゃあ100グラム1000円以上はする高級食材。「俺らの小さい頃からすれば考えられない値段だもんね。したけど、こんだけ高いと、どうしたらもっとうまく食べれるべかって、考えるんだよね。こやって余分な脂や臭いを抜けばおいしいっしょ？　クジラはもともと旨いもんだからね」。確かに越後さんの言うとおりだ。子供の頃は得意じゃなかったはずのあの臭いや舌触りをはっきり思い出しながらも、目の前の吸い物は恬淡としていて素直にのどを通る。しみじみとおいしく、気持ちが安らいだ。

秋田市の官庁街近くに「酒盃《しゅはい》」という居酒屋がある。古民家然とした風格ある店内で、地元の銘酒の数々を郷土料理で楽しむ。過日、この店で、今度はクジラの貝焼きを味わった。

平べったい小鍋（本来はホタテの貝殻を使う）にだしを張り、クジラの皮にナス、**ミズ**（ウワバミソウ）を加えて味噌で味を調える、向こうの夏場の伝統料理だ。特に、丁寧に下ごしらえをしたクジラの皮が、病みつきになるほどの旨さだった。クセや脂の強さを感じながら、でもきつくない。「こう暑さが続くと、高いと知りつつやっぱり仕入れちゃう。僕らの世代には忘れがたい味だからねえ」。

「しんせん」と「酒盃」ふたりの店主の話を聞いて思った。もし、もし日本の捕鯨事情が昔と全く変わらず、食材としてのクジラも日常的に手に入るとしたら、クジラに焦がれるオジサン世代の思いはこれほど強いものになっていただろうか。そう考えるなら、クジラが高嶺の花であることは、あながち悪いことだけでもなさそうだ。

【酒盃】秋田の地酒が豊富で郷土料理を味わえる居酒屋。所在地＝秋田県秋田市山王1の6の9［☎018・863・1547］日曜休（連休は最終日休業）。

【ミズ】秋田など東北地方で一般に「ミズ」と呼ぶのはイラクサ科の多年草「ウワバミソウ」または「ヤマトキホコリ」のこと。ただし、山菜としてはウワバミソウのほうが味がよく「赤ミズ」と別称され人気が高い。北海道に多いヤマトキホコリは「青ミズ」と呼ばれている。

❖大ブキの煮付け

かつては食べるたびに気分が暗くなった野性味あふれる初夏の食材

小さい頃は、**フキ**がおいしいとは思えなかった。まずいというよりも、味がよくわからなかったのだ。地味というか特徴がないというか、食べるたびに気分が暗くなるような気になったのを覚えている。だが決まって初夏になると、この〝根暗〟な食材が食卓にわんさか出てきた。その頃、親が釧路で八百屋を営んでいたこともあり、どこからともなく自生のオオブキ（大蕗）がのっこり集まるのだ。時には大ブキの中の大ブキ、足寄の**ラワンブキ**も混ざっていた。何しろ内地あたりのか細いフキとはモノが違う。茎の厚み、太さ、深い緑の色合い、どれをとっても野性を感じさせる迫力があった。

これを母親は大鍋でざっくりと塩茹でしてアクを抜き、水を張った

【フキ】キク科の多年草で、日本全国に自生する。通常「フキ」と呼ばれるのは岩手県以南に自生するものを指し、葉柄は最長でも60センチ程度。北海道のフキは「アキタブキ」という亜種で、秋田・岩手県以北に自生し、葉柄は最長2メートルに達する。**ラワンブキ**は十勝管内足寄町螺湾地区のラワン川沿いに自生する大型のアキタブキで、最近では栽培もされている。**フキノトウ**は、フキの根茎から生える花茎のこと。

一斗缶に茎をさらして使う分だけ取り出していた。たいていは身欠きニシンか油揚げ、あるいはさつま揚げと一緒に煮含める。《あっ、さつま揚げは、道産子的には天ぷらかまぼこか》。

強いて言えば、僕は身欠きニシンとの組み合わせが一番良かった。身欠きニシンは子供のくせに大好きだったから、その合いの手としてフキにも自然と箸が伸びた。身欠き独特の脂焼けしたようなひねた臭いといいがらっぽい苦み(これが実はクセになると旨い)、キシキシとした歯ごたえ(これも同様)、これらをフキの清冽なジュースとシャキシャキした歯触りがスパンと断ち切ってくれる。そのメリハリの効いた食感は確かに楽しかった。

それに比べて、天ぷらかまぼこはイマイチだったなあ。長時間煮た天かまって、どうしてもふやけちゃうんですよね。そのまま、あるいはちょっと温めてかじる天かまは、歯を押し返す弾力があって魅力的だけど、煮るとどうもピンぼけ写真的なイメージになる。

しかし母親からすれば、身欠きや油揚げはそれぞれとぎ汁で下茹でしたり油抜きしたりのひと手間がかかるから、手早く仕上げられる天かまとの組み合わせが多かった。これもフキにそれほど愛着がわかなかった原因だったかも知れない。

ところが今はこのフキが大好きである。妻の実家がある山梨県身延町は富士山が間近に控える山里で、まさに山菜の宝庫だ。特に春先から初夏にかけては**タケノコ**（ネマガリダケ）、**コゴミ**、タラノ芽、ゼンマイ、シイタケ《天然！》、**コシアブラ**、**シドケ**、葉（茎）ワサビなどなど、にぎにぎしいくらいに種類が豊富で、この季節は必ず訪ねる。もちろん**フキノトウ**もフキも登場する。

フキノトウは何と言っても天ぷらだ。ほろほろと繊細な苦みがたまらない。春一番の息吹、山の霊気を思い切り吸い込んだように、胸のすく快感だ。

真打ちのフキは北海道のオオブキ（アキタブキ）に比べてぐっと小さい。背丈は最大でせいぜい50〜60センチ、直径も1センチあるかないかというところ。早い季節だとアク抜きの必要もないし、甘辛く煮るキャラブキにするなら、あえてひと皮むいたり筋を除いたりの手間も要らない。そのままで十分軟らかく、筋が強ばったりすることもない。

つまり、内地のフキはそれ自体が繊細で優しいのだ。だから身欠き、油揚げ、天かまの中では油揚げと断然相性がいい。この場合は、フキ

【タケノコ】一般には孟宗竹の若芽を指すが、特に東北・北海道あたりでタケノコと呼ぶのはチシマザサ（ネマガリダケ）の若芽。孟宗竹の「筍」と区別する意味で笹ダケと呼んでいる地方もある。

【コゴミ】オシダ科の多年草シダ植物で、標準和名はクサソテツ。ワラビなど他の食用シダ植物と異なり、アク抜き不要。茹でたり炒めたり、生で天ぷらにするなど応用範囲の広い山菜で人気が高い。

はひと皮をきちんとむき、油揚げもしっかり下茹でして油を抜く。そうして、だしを効かせた薄味のつゆであっさりと炊く。

フキの甘み、苦みはごくごく軽く、繊維質のかみ心地もシャリシャリと糸をまさぐるような細やかさ。ほのぼのと心が安らぐ。

　この内地の優しいフキに対し、北海道のオオブキは明らかに剛の味だ。野太い茎からほとばしるたっぷりの水気と、強靱な繊維質。だいいち、身欠きニシンとの相性がいいということは、身欠きのアクの強さに負けない力がオオブキにあることの証明でもある。

　小さいときは、そこがよくわかっていなかった。柔のフキに出合って改めて悟った剛のフキの魅力。これも柔よく剛を制す、ということになるんでしょうか？


【コシアブラ】ウコギ科の落葉樹で春の若芽を山菜としてタラノ芽のように利用。エゾウコギと同じウコギ科で強壮、健胃効果があるとされるが、北海道ではあまり人気がない。

【シドケ】山菜王国の秋田などでは人気の高い、標準和名モミジガサというキク科の多年草。若芽を茹でて水にさらしてアク抜きし、和え物やおひたしにするのが一般的。独特の香りやほろ苦さが苦手の方は天ぷらが無難だ。札幌周辺では空知管内の栗山町や夕張市あたりの沢沿いに多い。

❖ジンギスカン

間違いなく鍋に渦巻く道産子のフロンティアスピリット

そう言えば2004年頃、首都圏で降って湧いたように**ジンギスカンブーム**が起こった。それまでせいぜい4、5軒だった専門店が200軒に膨れ上がったのだ。そのブームは最近になってやや落ち着いたが、うねりはまだ続いている。

わがふるさと北海道が誇る郷土食もついに全国区になったかと感慨を抱きつつ、新橋にあった人気店に飛び込んだら、ちょっと違うんだよなあ。狭いカウンターに七厘、プラスチックのお椀に丸椅子、むき出しの大型ダクトに新聞紙エプロンと、レトロな殺風景さを醸して雰囲気は確かにひと昔前って感じなんだけど、なんかおしゃれ過ぎるのだ。肉はニュージーランド産で生後何カ月未満だかのメスを手切りし

【ジンギスカンブーム】2004年頃から東京を中心に空前のジンギスカンブームが到来。これまで都内だけで200店余りの専門店が誕生。肉と野菜がセットで1人前1000円前後というリーズナブルな値段も、若い人に受けている理由のひとつらしい。

たラム生肉、タレはリンゴとタマネギのすり下ろしをたっぷり加えた自家製、塩はモンゴルの岩塩とこだわりは色々、でもって紙エプロンが英字新聞風の印刷だ。明らかに狙っている。案の定、中は若い女性客が多い。

しかし僕は叫びたい。《道産子が愛するジンギスカンは絶対におしゃれであっちゃいけないのだ！》と。そりゃあ北海道は広いからジンギスカンにも様々な流儀がある。親肉マトンか仔羊ラムか。生か冷凍か。肉をあらかじめタレに漬け込む味付けか、焼いてからタレにつける後付けか。付け合わせはモヤシ中心かタマネギ中心か、ニンジン、ピーマン、キャベツなどは加えるのか。細かい違いを挙げればきりがないけどただ一点、道産子のジンギスカンはとことんB級であるべきなのだ。というかオジサンはそうあって欲しいのだ。

子供の頃は本当によく食べた。いや、少なくともあのころのジンギスカンは「食べる」ものじゃなく「やる」ものだった。「今夜ジンギスカンでもやっか」「おお、やるべ」みたいな。つまり体ごとやっつける、ねじ伏せる、わっせわっせと焼いた片っ端からガンガン平らげる、それがジンギスカンの醍醐味だった。野性味というか開拓魂というか、間違いなく道産子のフロンティアスピリットが鍋に渦巻いていた。
だいたいうちら3人家族（父、母、小学生の僕）で一度に丸肉（別名ロール肉。わかりますよね?）2キロは食べていた。あっ、ちなみに釧路生まれの僕は後付け肉で、もちろんタレはベル食品。当時は瓶じゃなく缶が普通で、新品の両フチに穴を開けるのが楽しみだった。このタレにコショウをわんさか振りかけるのが僕流だ。おかげで僕は、今でもすご腕のコショウフェチ、一味（または七味）フェチである。

でもって近所の肉屋さんに行くと、この丸肉を**経木**《きょうぎ》に包んでくれた。いまどきのスーパーの丸肉は白いプラスチックトレーに入っているから、ドリップ（液汁）がとても気になる。安価な冷凍肉にドリップがつきものなのはわかるが、あまりに液汁がたまっていると、やはりちょっと腰が引ける。この点、昔の経木はある程度ドリップを吸い取ってくれたし、そのドリップが外の包装紙にも染み渡っている様が、かえって肉々しく食欲をそそったりもした。

で、泣けちゃうのは石油コンロにジンギスカン鍋を乗っけていたこと。昭和も半世紀が過ぎようとしていた時代、もちろんほかの家はプロパンガスが主流だったが、うちじゃあ油まみれの石油コンロがまだ

【経木】杉や檜などの木材を紙のように薄く削ったもの。これに経文を写したのでその名がついた。今でも魚屋や肉屋などで使われている。

煮炊きの主役だった。

これを換気扇のない居間まで持ち込んで脂身たっぷりの丸肉マトンを2キロひたすら焼けばどうなるか。一応部屋中に新聞紙を敷き詰め、自分も新聞紙をすっぽりかぶり、夏場は窓を全開にしていたが、まあ家中のあらゆるものがジンギスカン臭にまみれていた。壁の柱も茶簞笥も長いすの肘掛けもツルツルのスベスベ。「いやあ新品みたいっしょ」と母親はのんきなことを言っていたが、とにかく臭いが取れず、しばらくは何を食べてもジンギスカン臭かった。

中でも一番ツルンツルンにテカっていたのが畳に敷いていたビニールレザーだ。ペラペラの生地にペルシャ絨毯風とか大理石柄とかのなんちゃって模様がプリントされた安手の敷物が昔、よくありましたよね？　うちみたいな寒風吹きすさぶ木造の安普請で床下からの冷え込みをシャットアウトするには、格好の断熱用品だった。うちは大輪のバラが咲き誇るピンクのそれを敷いていた。これがジンギスカン後は滑る滑る！　実に釧路っ子の多くはこれで途端にスケーティングの真似をするのがお約束。だからこそ、多くの名選手を輩出しているのだ（と、個人的には確信している）。

というようなジンギスカンの食べ方が、いつからかやりにくくなった。マンション暮らしではもちろん、一軒家だって遠慮なく室内で焼きまくるなんて光景を見なくなった。それだけ世の中、いろんな意味でおしゃれになったということなんだろう。

「ジンギスカンだけはあんまりおいしくなって欲しくないいんだよ。生肉でなくてもラム肉でなくても十分。東京のこじゃれた店だと食べる気、しないんだよな。俺、子供の時ひもじかったでしょ。だから正月が明けて家族みんなで食うジンギスカンがえらいごちそうだったから、そういう安っぽさがないと調子でないんだよ」。

これ、東京・四谷でフレンチレストランの「**オテル・ドゥ・ミクニ**」を経営する増毛町出身のシェフ、三國清三さんの言葉だ。1954(昭和29)年生まれの、今や人気は全国区の道産子料理人も、口幅ったいようだが僕と同じことを考えている。道産子にとってジンギスカンとは、やっぱりソウルフードなのだ。

【オテル・ドゥ・ミクニ】三國シェフ経営のフレンチレストラン。所在地＝東京都新宿区若葉1の18［☎03・3351・3810］月曜休。

❖ホッキ貝のカレーライス
熱が加わって淡いピンク色に染まった剥き身

ホッキ貝は、東京近郊に暮らす今でもよく食べる。自宅近くのスーパーや魚屋で、小型サイズが1個200円くらい。高いなあと思いつつ、あるとつい手が伸びる。

殻剥きは必ず自分でする。身はもちろんだが、水管や紐、小柱にもホッキ貝ならではの旨みがあるから、魚屋に任せて捨てられでもしたら悔やんでも悔やみきれない。活きがいいと、身の中に抱かれている深緑の肝がまたイケルのだ。酒と醤油でさっと煮立てると肝の濃厚なコクが露わになって、つまみにはもってこい。まあ、東京ではなかなか新鮮なものにはお目にかかれないのだが。

身は生で食べるときもあれば、焙ったり、湯ぶりにすることもある。

【ホッキ貝】北海道に数ある貝類の中でも、高級な貝のひとつ。バカガイ科の2枚貝で、普通は「北寄貝」と書き、標準和名は「ウバガイ」。成貝で殻皮が黒色化している通称「黒ボッキ」は特に身が大きく値段も高い。

特に寿司と合わせるなら、ホッキ貝は焙ったほうがいい。ほかの貝類に比べ、生では水気が強いし甘みや磯臭さも重ためだから、どうも握りが軽快にならない気がする。

その点、先日札幌出張の折りに初めて寄ったススキノの「○鮨《まるずし》」は良かった。肉厚の身へ鹿の子に包丁を入れ、醤油を塗って付け焼きにしたものを握る。熱が加わって淡いピンク色に染まった足(身)がきれいだ。焙ることで磯の臭みは抜ける代わりに、カンカン照りの浜に干された昆布のような香りがカチッと立ってくる。

この独特の匂いをかぐたび、ホッキ貝のカレーライスのことを思い出す。肉の代わりにホッキをわんさか入れて作るカレー。漁師町ではツブ貝カレーやホタテ貝カレーなんかと共に今も定番なのだろうが、我が家でも子供の頃はよく登場した。

もちろんカレーは大好きだが、しかし子供にとってカレーとは、豚肉があってこそのごちそうだ。脂身たっぷりのバラ肉がごろごろルーにうごめいているから食欲もわくのであり、シーフードではどうもモチベーションが上がらなかった。

ホッキ貝カレーのときは、台所に行かなくても作り始めてすぐわか

【○鮨】所在地＝札幌市中央区南6西4〔☎011・552・6266〕日曜・祝日休。

る。大鍋でまず剝き身を炒めるので、必ず浜干し昆布のような香りがプンプンと居間まで届くのだ。《うへっ、またホッキ貝カレーかよ》。内心がっかりしつつ、生卵を加えたり、バターやマーガリンを落としたりして動物的味わいを足し、しのいでいた。何たって一度作れば3日はカレーが続くぐらいの量をこさえていたのだから。

正直、当時はあのカレーのおいしさがわからなかった。ホッキ貝も好きだったし、カレーも好物だったのに、それが合わさると両方の味がぼやけてしまう、そんな印象だった。

あれから40年近くがたった今、ふと当時の味を試してみたくなった。さすがに東京じゃあ、わんさか剝き身を入れるわけにはいかない。末広がりということで殻付き貝を8個奮発して買い、身を半等分して16片の切り身にした。ヒモと小柱は酒のつまみのためにとっておき、肝はちょっと生臭かったので捨てた。

さて、ここからが考えどこだ。16片の切り身、これだけの量では恐らく貝の旨みが香辛料の強さに消されてしまうんでねえべか。悩んだ末、水の代わりに昆布とカツオ節で取っただしでルーを作り、そこへ軽く炒めたホッキの切り身を最後に加えることにした。ルーに魚介のエキスを忍ばせることで、ホッキ貝の香りも食感もより強く出るのではと思ったからだ。

その30数年ぶりに食べたホッキ貝カレーは、不思議な味だった。旨い、確かに旨い。トンカツのロースや焼き肉のカルビなど直球勝負の脂がきつく感じられるオジサン世代にとっては、熱を加えたホッキ貝程度のちょっとしたクセやコクが香辛料をまとうと、その旨みがたまらなく心地よい。この寸止めの加減が子供の頃は物足りなかったのだろう。

ただし、16片の切り身が鍋の中の所々に散在する様はどうにも寂しく、視覚的にこれをホッキ貝カレーと呼べるかどうか、全く心もとなかった。やっぱり30個や40個、それも剝き身ごとドバドバ入れないとなあ。味には目で楽しむおいしさがあるってことを、改めて身をもって知ったのだった。

❖プリンスメロン

昔は夕張メロンより偉かった網目のないスベスベメロン

この事件は、もう40年近くも前の出来事であって〝時効〟であるということを最初に述べておこう。

その頃の釧路は我が国における北洋漁業の一大寄港地で、1969（昭和44）年から9年連続水揚げ量日本一に輝く、まさに黄金の時代だった。当然景気は良くて、街では気のいい漁師連中が大手を振って歩いていた。

というわけで、父親は突然脱サラをして自宅を改造、玄関先に8畳ほどの空間を作ってそこで八百屋を始めてしまったのだ。繁華街に近い幣舞橋から歩いて7、8分の立地だったので、およそ商売っ気のない店構えにもかかわらず、夕暮れ時になると赤ら顔の漁師がフラリとやって来て、T字カミソリとか茶ちり（目の粗いちり紙の束。ティッシュじゃないよ！）とかを定価で買っていく。

《うちで買わなくたって、ちょっと歩けば安いスーパーだってあるのに……》などと子供の僕は思ったりもした。だが、久しぶりに陸へと上がったオトーサンたちの一番の楽しみは、何といっても夜の街へ繰り出すことなのだから、うちで済む程度の用ならば値付けなどは全然お構いなしだった。

そんな夏の宵。向かいの歩道を、いい具合に酔っぱらったねじり鉢巻きの愛すべき姿をした〝とっつぁん漁師〟が千鳥足で歩いてきた。手にネットの袋をぶら下げ、中にちょっと楕円ぎみの玉がふたつ入っているのが見える。メロンだ。もちろん、当時のメロンは夏の大ごちそう。我が「うさみ商店」でも時々仕入れてはいたが、自分たちが食べられるのは、明らかに熟度の限界を超えてしまった腐りかけ寸前の見切り品だ。中心の種を抱えている実はほとんど液状化していた。けれど、これが何とも甘ったるくて、扁桃腺にひきつるような香りとクセがずっとまとわりついた。

さて、例の漁師のとっつぁんは、うちの前まで来るとキョロキョロ辺りを見回し、街路樹の脇にそのメロンを置いたまま、ちょっとした小路の陰に入っていった。チョロジョロチョロと、奥から小用を足す音が聞こえる。と、それまで縁台に腰掛けて涼んでいたはずの我がオヤジがおもむろに立ち上がり、道を横切って件のメロン入りネットをヒョイと拾い上げちゃったじゃないの！

《そ、そりゃ、まずいでしょうがッ》。店の中から様子をうかがっていた僕の心の叫びをよそに、サッサと戻ったオヤジは喜色満面でメロンをネットから取り出し、果物棚のスイカの隣に並べちゃったよ、オイ。そうこうするうち、スッキリとした顔でとっつぁんが戻ってきた。そして、街路樹のそばで首をかしげつつ、盛んにあっちへ行きこっちへ行き、でも、ないわけです、メロン。相変わらずの千鳥足、しまいには上着やズボンのポケットまでまさぐっているが、あるわきゃない。

途方に暮れつつ再びキョロキョロ首を動かしたとっつぁんの視点が、ついにスイカの隣の玉ふたつへ釘付けになった。以下はこっちまでまたもや千鳥足で近づいてきたとっつぁんとオヤジの会話。

「いやあ、参った参った」、「どしたのぉ？」、「そこさ、ちょこっと用足し行ってたら、メロンどっか行っちゃったべや」、「ほんとかい？」、

「いや、どこさ行ったたったって、ないものしょうがないっしょや。したら、うちのメロン持ってくかい？」、「それかい？ いくらさ」、「いや、売れ残りだから持ってって。その代わり、隣のスイカ買ってかないかい？」……。

この冗談みたいなやり取りで、スイカ（もちろんこっちが売れ残り）が売れちゃったのである。ふたつのメロンが元の持ち主に戻った安心感よりも、何とも言いようのない商いの裏側を見せられた僕の気持ちは複雑だった。

さて、このときのメロンが**プリンスメロン**だった。今でこそメロンと言えば皮に網目のくっきり入ったネット系が主流だが、当時は網目のないスベスベのプリンスメロンこそがメジャーだった。日本伝統の**マクワウリ**とヨーロッパのメロンを掛け合わせたこの一代雑種が誕生したのは１９６２（昭和37）年。同じ年の皇太子（今の天皇）ご成婚にちなんだ命名で、昭和50年代には全国シェアの3分の2を占めていた。

夕張メロンの誕生はその2年前、１９６０年のこと。17人の有志が夕張メロン組合を作り、試験栽培を繰り返した末に誕生した一代雑種「夕張キング」がその始まりである。しかも親の一方は、プリンスメロ

【プリンスメロン】網なしメロンの代表的な品種。メロンが庶民にとって現在よりもっと高嶺の花だった１９６２(昭和37)年、ヨーロッパ種のメロンとマクワウリの一代雑種として誕生した。万人向けの素直な甘さが特徴で、メロンの大衆化に貢献した。

【マクワウリ】メロンの一変種。北海道ではアジウリという名が一般的。美濃国（岐阜県南部）の真桑村（後の真正町、現・本巣市）に産したものが有名なため、マクワウリ（漢字名は真桑瓜）の名がつけられた。

ンを生んだヨーロッパのメロンの近縁。つまり、プリンスメロンと夕張メロンとはかなり近い親戚同士なのだ。でも、当時はプリンスメロンがずっと有名だったし、夕張メロンの存在すら知らない道産子も多かった。それを思うと、2007年の札幌中央卸売市場の初セリで1個100万円という高値を記録した夕張メロンの人気ぶりには、文字通り隔世の感がある。暗い話題ばかり続いた夕張にとっては明るい話題だし、道産子として夕張メロンが全国区になったことも、もちろんうれしい。ただし、今もって僕は夕張メロンを食べたことがないのである。いや、どこかで何かの拍子に口に入れているかも知れないが、少なくともデパートや果物店で夕張メロンと意識して買ったことはない。正直、もはや高嶺の花過ぎるのだ。フツーの道産子にとっては、あまりにも縁遠い存在になってしまった気がする。

そして、いつからかプリンスメロンも僕の周辺にある店先からは姿が消えた。大人になってからは、プリンスを食べた記憶がない。近くにあって遠いもの、身近だったはずなのにいつの間にか距離を感じるもの、僕にとってのメロンはそういう果物だ。

ところで、あの漁師のとっつぁん、元気かなあ。

【夕張メロン】 別名を、「夕張キング」。果肉は鮮やかなオレンジ色で果皮に細やかな網目のあるメロン。コクがあって果汁も多く、独特の芳香と甘みで人気。糖度12％以上の逸品は「秀」の等級が付き、宝石並みに扱われる。

ツブ貝
舌に一瞬のしびれを感じる得体の知れない怪しさ

ツブ貝というのも、釧路出身の道産子としては見逃せない貝だ。ホッキ貝同様、鮮魚店やスーパーで殻付きの生を見かけると、ついつい手が伸びてしまう。昨日も自宅近くの店に**マツブ**があったので買ってしまった。1個1380円。洋梨ぐらいのサイズだから、そんなに大きくはない。

でも東京近郊ではこの値段が普通だ。北海道価格の3割増しというところか。マツブの隣にあった神奈川産の**サザエ**は2個700円で売っていた。《壺焼きにしたらちょうどいい酒のつまみだし、4個買ってもマツブ1個と変わらない値段だなあ……》と思いつつ、道産子はどうもツブを選ぶ。

【マツブ】 エゾバイ科の大型巻き貝でエゾボラやエゾボラモドキなどの仲間を指す。大きなものでは殻高20センチを超えるものもある。

【サザエ】 岩礁や石のある外海に面した荒磯に生息する、リュウテンサザエ科の巻き貝。1年中出回るが、春から夏にかけてが旬。

ただし、誤解しないでもらいたい。僕自身はサザエよりもツブが好き、というわけではない。焼いたり煮たり、熱を加えるならサザエが上では、とも思う。

何しろサザエは壺焼きがいい。殻から内臓ごと身を外し、ぶつ切りにしたものを再び殻に戻して醤油と酒を垂らし、そのままガス台で殻ごと焙る。貝の蓋の隙間からジュクジュクと泡が立ち、香ばしい磯の匂いがあたりに充満してくれば食べ頃だ。ミツバがあれば予め殻に仕込んでおくと、いっそう香りが引き立つ。潮風を思い切り吸い込んだような海の香りの底に、ナッツをかじったときに感じる濃いコクが一瞬重なり、旨みがより複雑になる。

ツブももちろん、焼きツブがいい。今は鮮度重視のせいか刺身で食べさせる店が多くなってしまったが、昔はツブと言えば断然焼きツブだった。ドラム缶や一斗缶に炭を熾して網を渡し、そこにごろごろツブを乗っける。そして、頬かむりをして軍手を付けたおばちゃんや、くわえタバコのおじちゃんが火ばさみを手に焼け具合を確かめる――そんな屋台の光景を、オールド世代の道産子なら、まざまざと思い浮かべられるはずだ。

だいたい僕が小学生の頃は、近所のお焼き屋でもおやつに焼きツブを売っていた。串にマツブよりふた回りぐらい小さい**磯ツブ**の身がふたつ刺さって、50円だったと思う。これを七厘で網焼きにするのだ。

香ばしく深い磯の香り、ナッツを連想するコクやある種のえぐみはサザエと一緒。ただし、最後の最後、サザエに感じる爽やかな後口とは何か性格の異なる違和感を、僕はいつもツブに抱いていた。子供の頃から食べ続け、肝も含めてすっかり慣れ親しんでいる味のどこかに、得体の知れない怪しさを感じてしまうのだ。

舌がピリッとひきつる一瞬のしびれ、あるいは煙草の葉をかんだときのような強烈な苦み、胃腸薬をなめる際のいがらっぽい粉のようなざらつき……、そんな決して快感とは言えない後口をほんのちょっぴりでも(もちろんちょっぴりだからこそクセにもなるのだが)ツブに感じたことはありませんか?

バイ貝もそうだ。内地の、特に日本海側でよく見かけるこのツブそっくりの巻貝にも、ツブに似た後味がある。ただしアクの強さという点ではツブよりずっとおとなしいし、旨み全体がツブより軽快だから、後口の怪しさはそんなに目立たないのだが。

【磯ツブ】沿岸の浅瀬で獲れるエゾバイ科でも比較的小型の巻き貝ヒメエゾボラやエゾバイ、コエゾバイなどを指す。トウダイツブと呼ばれる巻き貝はオオカラフトバイの仲間。

【バイ貝】バイ科に属する巻き貝の1種。バイが属するバイ属の貝類を総称してバイ貝と呼ぶことも多い。ただしバイとは「貝」の音読みで「バイ貝」というのは語義が重複した呼び方となる。

いったい、この怪しさは何だろうか。道産子といっても長年内地に住み続けるうち、舌がよりサザエに好意的になったせいなのか。いや、そんなことはない。単純に旨いまずいで判断すればサザエが上かもと書きながら、僕は実際ツブを選んで買っている。つまり、ツブの後口の怪しさは、なぜか道産子を引き付ける得体の知れない何かなのだ。

改めていくつかの図鑑や事典を引っ張り、ツブとサザエを読み比べてみるうちに、ハッと気付いた。餌である。ツブは、死んだ魚介類の肉（イカ、スケトウダラ、コマイなど）や生きた貝類（自身より小さな巻貝、2枚貝など）を食べる肉食性、サザエはワカメやテングサ、カジメなどを食す草食性なのだ。ちなみにバイ貝もツブと同じ肉食性だ。同じ巻貝どうしで身の質感も味も極限まで似ていながらはっきり違う何か、そこが肉食主義と菜食主義の違いから来ていたとは。

端的に言ってしまえば、ツブは北の海に生きるありとあらゆる魚介の命（失われた命も含めて）を糧に生きているということなのである。そのたくましさ、厳粛さ、あざとさ。諸々が混ざり合ってこその、あの後味なのだ。どうりでこの貝がクセになるわけだ。

❖コアップガラナ

ほぼ北海道限定でしぶとく生き残る懐かしの炭酸飲料

いやあ、久しぶりに飲みましたよ「**コアップガラナ**」。コカ・コーラの向こうを張って1960（昭和35）年から大々的に全国発売され、悪戦苦闘の末、今はほぼ北海道限定でしぶとく生き残っている懐かしの炭酸飲料だ。東京は有楽町の**北海道どさんこプラザ**にも、ちゃんと500ミリリットルのペットボトルと230ミリリットルの小瓶が置いてある。

この小瓶（120円）が何とも細身のフォルムで、渋い懐かしさを醸している。ウエストのくびれが昔のコカ・コーラの瓶よりずっと下側にずれ、しかも寸胴。ひと昔前の和服美人をどことなく連想させる。

その日の東京はぬめっと湿った空気がベットリベトベト、肌にしつ

【コアップガラナ】1960（昭和35）年に第1号が製造された、ガラナが原材料の炭酸入り清涼飲料水。かつては全国の飲料水製造業者が製造販売していたが、現在は小原とホッピーで有名な東京・ホッピービバレッジのほぼ寡占状態。

【北海道どさんこプラザ】北海道の生産者が丹精込めて作った良質で新鮮な食材、食品などの製品約800種類を展示販売。所在地＝東京都千代田区有楽町2の10の1東京交通会館1階［☎03・5224・3800］無休。

こくまとわる強烈な猛暑。銀座の地下街で黒豚丼なる甘辛の丼飯をさっさとかき込み、どっかで涼もうと表に出たらプラザが入居するビルが目の前。中の冷気に誘われふらふら入ると、件の小瓶が冷蔵ケースに並んでいた。

早速、赤いキャップをひねってそのままゴクリ。おお、何とも甘ったるい、このトロッとした喉越し！　栄養ドリンクにも似た薬っぽいえぐみをほんの少し感じながら、シロップのような強い甘みがしっかり舌に乗る。肝心の炭酸がまた独特で、最初の口当たりはひとつひとつの泡が大きく強く弾け、インパクトが強い。なのに、そのシュワシュワ感は意外と長続きせず不意に途切れる。《泡切れがどうにも潔すぎるんデないかい！》ってな感じは、子供心にもあったのだが、しかし、今のガラナは昔飲んだものと何かが明らかに違っている。

悶々としていると、札幌で共に高校時代を過ごした友人が言った。

「やっぱし、昔のほうがもうちょっと甘かったべや。このごろのガラナはそんなにくどくないっしょ」。

そうなのだ。少なくとも10代の頃によく飲んだ感じよりは甘みがしつこくなく、全体に〝あっさり〟している。試しに紙コップに注ぎ直してみたら、琥珀色の陰影も気のせいか薄くなった気がする。で、後日確かめたら、やっぱりコアップガラナも、時代に応じて少しずつ味を変えてきたらしい。函館近郊の七飯町にある製造元の**小原函館工場**に聞いてみると、「ええ、甘さの加減は以前に比べると控えめにしています。うちは道内産のジャガイモからできる液糖が甘みの主役なんですが、イメージとしては昔のサイダーっぽい甘さを今はシャンパン程度に抑えている感じ」だという。

なるほどなあ。逆説めくが、昔の味そのままとか懐かしの味そのものとか言われるロングセラーって、実は時代の嗜好に合わせて密かに味を変えていることが多いのだ。

僕の好きな寿司屋のひとつに、京都の**松鮨**がある。故・池波正太郎さんが先代当時から通い詰め、昭和の初めに開業して以来の調度や建具がそのまま使い込まれた小体な店内は、枯淡の極致といった趣だ。ここで《へーっ》と感じ入ったのは酢飯。先代の濃いめの味付けに慣れた常連客の健康を気遣い、当代は実に10年計画で酢飯の塩加減を少しずつ薄めたという。食べる側に気付かれないよう営々と微調整を加えながら、でも味わい全体の雰囲気は変えない。だからこそ〝昔のま

【小原函館工場】コアップガラナの9割以上を製造販売している北海道の会社。所在地＝七飯町中島29の2［☎0138・65・6545］

【松鮨】先代が1933（昭和8）年に京都の木屋町三条で開業した予約制の店。JR京都駅から車で10分。所在地＝京都市中京区蛸薬師柳馬場西入ル［☎075・221・2946］木曜休。

まの味〟が今どきの人間の舌にもおいしく感じられるのだ。

米国コカ・コーラ社が日本に現地法人を設立したのは1957（昭和32）年。つまり、国内の中小飲料メーカーが協力（コーポレーション）かつ向上（アップ）を目指して開発したガラナ飲料＝コアップガラナが全国展開する前年のことだ。

日本と同様にコカ・コーラの進出が遅れていたブラジルからわざわざアマゾン原産の木の実（ガラナ）エキスを取り寄せてまで作ったコアップガラナ。でも、結局はコカ・コーラの日本席捲を押し留めるまでにはいたらなかった。なのに、北海道だけでは今もコンビニでコーラ類とフツーに肩を並べている。

それは結局、ガラナの持つコッテリ感やマッタリ感、あるいは強い甘みやメリハリの効いた炭酸が、内地に比べて格段に寒く乾いた風土とよくマッチしているからということだろう。

ただし、それでも昔よりはちょっとずつソフト路線へ味の切り替えを進めてきた。だからこそ、いまだにコアップガラナは〝道民飲料〟として生き永らえているわけだ。大げさに言えば、そこらの微妙なさじ加減こそ、食文化の醍醐味でもある。

❖ゴッコ汁とカジカ汁

白身や皮の心地よいフルフルトロトロとした官能的食感

まだ春浅い根室に出かけ、繁華街をちょっと外れた寿司屋に飛び込みで入った。店のオヤジが言うには「時化続きでいいタネがあんまり……」。確かにつけ台（カウンター）の冷蔵ケースの中には、見事にこれと言ったものがない。色がボケた筋っぽい**メバチマグロ**。《冷凍モノでしょ！》と突っ込みたくなるような、実にくたびれたホタテ。地物とは到底思えぬ、赤々とした足がどうにも切《せっ》ないカナダ産（たぶん）ホッキ。後は玉子、キュウリ、トビッコとかがポツポツ。

すっかり冷め切った甘ったるい酢飯にべっとりと粉ワサビを張り付け、オヤジは「アイヨ〜ッ」と妙に威勢良く握ってくれる。それがなおさら哀愁を誘い、こっちのテンションは奈落の底へと沈みっぱなし。

【メバチマグロ】 メバチ（目撥）という名前の通り目がパッチリ大きいのが最大の特徴。身肉は赤身が鮮やかで、寿司ネタとして多く利用される。春の終わり頃はクロマグロ（ホンマグロ）の味が落ちるので、メバチマグロが喜ばれる。

会話も弾まず、店の空気がいよいよ鉛のように重くなったその時だった。オヤジは意を決したように奥へ引っ込み、具だくさんの汁が入ったお椀を前に置いた。「賄いもんだけど良かったら」。

ヌメヌメとゼラチン質の黒っぽい皮が張り付いた白身や肝臓と思しき朱色の肉片に長ネギと豆腐が加わり、昆布だしに醤油で味を調えただけのあっさり仕上げ。そこへハタハタの卵に似た粒々がばらけて、お椀のそこかしこに散っている。

ひとくちすすってしびれた。旨い！旨い！旨い！　でもって、ひどく懐かしい。子供の頃もこのフルフルトロトロとした白身や皮の官能的食感、プチプチクチュクチュと粘る卵の歯触りが心地よく、お代わりをしつこく繰り返した記憶が確かにある。「いやあ、**ゴッコ**汁っしょ。なしてもっと早く出してくれないのさ」、「なしてったって売り物じゃないし、知らないとホレ、みったくなくて食えないっしょ」、「ナンも。みったくないから旨いんでしょや」ってな会話が続き、俄然ゴッコ汁談議に花が咲いた。とにかく、30ン年ぶりぐらいで再会した懐かしの味は、爆発的なおいしさだった。

ゴッコは道内の呼び名で、一般的にはホテイウオ（布袋魚）だ。円い

【ゴッコ】七福神の布袋様に似ているところから標準和名がホテイウオというダンゴウオ科のウロコのない海魚。身はアンコウに似るが柔らかく、産卵期の抱卵した雌が人気だが高価。通称ゴッコ汁という鍋料理にする。

口をポカンと開けたとぼけた顔にぷっくり膨らんだお腹は、確かに布袋様のイメージ。だが、鱗《ウロコ》のない全身軟骨状態の黒っぽいヌメヌメボディーは結構グロテスク。どっちかというと道南の魚で、恵山では毎年2月にゴッコ祭りなんていうイベントもある。でも、僕が育った釧路や根室の道東でも揚がることは揚がるのだ。

　考えてみれば、こういうみったくない魚を昔はよく食べたなあ。代表選手はカジカ（鰍）。と言うより北海道じゃあ、ナベコワシのほうが通りがいいか。この鍋のあまりの旨さに底を箸でつっつき回し、ついには鍋を壊しちゃうくらいの魚、なのだが外観はどうにもみったくない。道内で主に食用に回されているのは、大型の**トゲカジカ**と寸胴型の**ケムシカジカ**だ。どっちも怪魚と呼ぶにふさわしく、特にケムシカジカなんて《毛虫＋カジカ》っていうくらいで、大きい頭のおでこはこぶがゴツゴツと隆起し、口の辺りにも皮弁と呼ぶ長い突起が垂れ下がり、とてもこの世の生き物とは思えない。同じく怪魚仲間と言っていい**ハッカク**（八角）や**アンコウ**（鮟鱇）ならまあ、ユーモラスと言えないこともないが、カジカはちょっとなあ。

　しかし、オジサン世代の道産子なら、カジカ汁の旨さは絶対にわか

【トゲカジカ】カジカ科の海魚。カジカ類では最も美味で、俗にマカジカと呼ばれる。オレンジ色の肝臓はアン肝同様に海のフォアグラと呼ばれるほど。野菜を加えた味噌仕立てのカジカ汁は美味で、「ナベコワシ」の異名も持つ。

【ケムシカジカ】東北地方、北海道からベーリング海まで分布するカジカ科の海魚。北海道ではトウベツカジカとも別称される。味噌汁で利用されるほか、大粒の卵の醤油漬けはハタハタのブリ子同様歯ごたえがあり珍味。

るはずだ。札幌のススキノで割烹を営む和食名人、越後茂樹さんによれば、「カジカを釣るのに一番いい餌はイカゴロって言う名のイカの肝（ゴロ）なんだわ。塩漬けにしたゴロば針にかけたら一発」なんだそう。イカの肝の旨さを知るこの魚をさばいて味噌汁仕立てにするのだから、旨くないわけがない。

マダラ（真鱈）をさらに上品にしたみたいな身もさることながら、やっぱり頭の部分の快調に澄み切ったゼラチン質、**あん肝**にさらりとオリーブオイルをまとわせたような肝臓のコク、シャキシャキと生命力が溢れる胃袋の強靱なかみ応えなど、カジカ汁の真骨頂はその内臓とアラにあると、僕は思う。

いつからか時季になるとアンコウ同様、カジカも最初からぶつ切りになったパック詰めを鮮魚コーナーでよく見かけるようになった。でもなあ、ゴッコやカジカみたいなみったくない魚って、一匹丸ごとを自らさばくところに本当の妙味があるような気がする。極上の味が異形の面構えからまろび出る過程を直に体感してこそ、旨さもひとしおだろうから。

【ハッカク】 標準和名はトクビレというトクビレ科の海魚。体の断面が八角形のため北海道ではハッカクと呼ばれ、漢字名も「八角」。旬は冬の白身魚で刺身もいいが、背割りにして内側に味噌を塗った「軍艦焼き」が人気。

【アンコウ】 アンコウ科の深海魚。北海道で漁獲される大半は標準和名が「キアンコウ」という魚で別名「ホンアンコウ」とも。近縁の「アンコウ」は南日本に多い。漢字では鮟鱇（黄鮟鱇）と書く。形相はグロテスクだが、関東のフグといわれるほど美味な魚。中でも肝臓を茹でて酢味噌で和えたあん肝は病み付きになる逸品。

❖チカのフライ

草いきれというか

湯気と共に香るいい意味での青臭さ

こと食に関してなら、僕は全く好き嫌いのない男だが、唯一、給食で食べられなかったものがある。**コッペパン**だ。僕が小学生だった昭和40年代、給食の主食はパンであり、たまに当時ソフト麺と称していた袋入り茹で麺（スパゲティ、うどん、焼きそば）が出るくらいで、個人的にはご飯給食を一度も経験していない。

この給食で出される中途半端に粘っこいコッペパンだけは、どうにも苦手だった。かじるとひねた酒粕の匂いがする。酸っぱいような、えぐいようなアルコール臭が鼻をつき、むせて胸がつかえる。ある時期から、全く手を付けなくなった。

じゃあそのコッペパンをどうしたか。冬場はうちに持って帰って風

【コッペパン】団塊世代には学校給食でお馴染みの紡錘形で底の平たいパン。コッペとは〝切った〟を意味するフランス語「クーペ」に由来する。そのまま半分に切れ目を入れ、マーガリンやジャムを塗ったり、おかずを挟んだりして食べる。

通しのいいところで4〜5日ほっぽっとくんです。ええ、干からびてカチンカチンに堅くなります。これを母親が目の粗い下ろし金ですりますってえと、自家製パン粉の出来上がりだ。

　市販品のフワフワでソフトな粉と違い、給食パン粉はガリガリにハード。十分に干したおかげであの酒粕臭さが抜け、すり立てだから香ばしい本来のパンの匂いがフンワリ鼻に来る。フライものを揚げると衣はサクサクを通り越してハリネズミのようにザクザク、色も狐色を通り越して文字通りの濃い焦げ茶に仕上がる。

　この強烈キャラのパン粉が何に合うかといえば、圧倒的に魚介。多少鮮度が落ち気味の魚介でも、これをまぶすとあら不思議、臭みやクセがアクの強い粉に出合って相殺され、魚介本来の旨みがくっきり立ってくる。

　ホタテ、ホッキ、ツブ、ホッケ、タラ、オヒョウ、コマイ、スルメ、ミズダコ、甘エビ、時にはタラバや毛ガニ等々、北の魚介ならほぼ何でもこのパン粉は合った。拙著『寿司おたく、ジバラ街道をゆく』でも触れたが、一般的に魚介というものは海水温が低いところにいるものほど脂が重たい。同じヒラメでも常磐沖と石狩沖じゃあ、脂の濃淡に天地ほどの開きがある《当然、石狩沖のほうが脂が強い》。要するに給食パン粉は、この脂のくどさをスッと消してくれるんです。

中でも忘れられないのが**チカ**のフライ。チカは**ワカサギ**によく似ているけど、ワカサギは生息域が淡水中心なのに対し、こっちは一生を海の沿岸で暮らし、体長もふた回りくらい大きい。釧路から根室沖で冬場によく獲れる。ま、はっきり言って大衆魚だし、『新 北のさかなたち』（北海道新聞社）という漁業生物図鑑にも「味はワカサギに劣る」とはっきり書いてある。干さずに生のまま塩焼きにするとよくわかるのだが、内臓の臭いがかなり強いせいか、白身に臭みが移っているのが難点だ。

ところが、これを給食パン粉でフライにしちゃうと、その臭みが何とも刺激的な香気に化けちゃうんですねえ。ツユクサというか草いきれというか、いい意味での青臭さが湯気と共に立ち上ってくる。これにサラサラのウスターソース（中濃や特濃は衣に染み込まないからペケ、タルタルソースもタルタルの味が勝っちゃうからやっぱりペケ）をビシャビシャかけてかぶりつくと、ソースの酸み、甘みとチカの青臭さがドンピシャなのだ。

【チカ】 シシャモなどと同じキュウリウオ科の魚で、北海道全域の海（沿岸）で一生をおくる。ワカサギによく似るが、体長20センチを超える大型で新鮮なチカは刺身にもされる。シシャモより脂肪が少なく、天ぷらやフライで食されることが多い。

【ワカサギ】 基本的には淡水に生まれ海で成長するキュウリウオ科の魚。海との往来が困難な湖に移植されたものは、湖の中で一生を過ごす。味は淡白で美味。江戸時代にワカサギを将軍に献上して喜ばれたことから漢字名は「公魚」。

昭和40年代当時、うちは商店を営んでいたので、時として仕入れたチカが鬼のように売れ残ることがあった。それを母親が鬼のようにフライにしていた情景が思い浮かぶ。

洗面器に新聞紙を広げ、上にザルを乗っけて揚げたそばからチカを放る。山盛りになった最後のほうはすっかり油が疲れて、ただでさえ給食パン粉で濃厚な焦げ茶の外観がいよいよ黒々となり、遠目から見ると、全体が巨大な皮付きの栗みたいに見えたものだ。

食べても食べても、栗形の大きな山は一向に減らない。最初は頭や中骨（これがワカサギに比べてかなり硬いのも、イマイチ人気のない理由かも）までムシャムシャやっつけていたが、しまいには面倒になって身だけつつく、いいとこ取りの食べ方になってしまう。一瞬ぜいたくだなあと思いつつ、いや、これはやっぱりぜいたくとは言えないべ（だってあくまで売れ残りだもんネ）、と複雑な思いを抱きながら食べた。もちろん、翌日のおかずもこれだった。

❖**フルヤのウインターキャラメル**

かじかむような寒さの中でもかむと不思議な弾力

オジサン世代の道産子にとって、キャラメルは遠足のおやつの定番だった。特にスキー遠足に欠かせなかったのが、古谷製菓の**ウインターキャラメル**。両手のストックを逆ハの字状まで広げて滑空する直滑降選手が大写しになった、ド迫力のパッケージだ。これをスキーウエアに忍ばせていると、自分もついその直滑降選手のような気になった。

古谷製菓にはこのウインターキャラメルとは別に**ミルクキャラメル**という定番商品もあった。確かこっちは濃紺の地に黄色い十字が刻まれた渋めのパッケージ。「SAPPORO」の文字が踊っていた。まあ、おまけに引かれてつい**グリコ**へ手を伸ばすこともあったけれど、スキー遠足にウインターキャラメルという黄金の組み合わせだけは、どうに

【ウインターキャラメル】1931(昭和6)年12月、古谷製菓の前身である古谷商店が発売した北海道生まれのオリジナルキャラメル。当時のパッケージ写真のモデルは、日本人に初めてスキーを教えたオーストラリア軍人のレルヒ中佐だ。

【古谷製菓】4代目の営む別会社が「フルヤ産業」として存続する。所在地＝札幌市豊平区福住2の2の4の19［☎011・851・0303］

か死守し続けた。

考えてみれば実に1925(大正14)年からキャラメル生産を手がけ、札幌の旧国鉄(現JR)苗穂駅そばに工場を構えた古谷製菓は、雪印乳業や北海道拓殖銀行と共に、道産子自慢の〝全国区〟企業だったのだ。古谷製菓の倒産が1984(昭和59)年、拓銀の経営破綻が1997年、雪印乳業の事業分割開始が2001年。こう並べると、やはり昭和は遠くなりにけり、だなあ。

で、そのウインターキャラメル、実は肝心のスキー遠足で舐めた記憶は、なぜかすっかり欠落。代わって思い出すのは、夏場にどこからともなく変わり果てた姿で現れるそれなのだ。机の引き出しから、ヤッケやリュックのポケットから、あるいは**マジソンバッグ**の底敷きの裏から、食べかけの小箱が不意に見つかる。

中を開くと、四角いはずのキャラメルは熱でドロドロニョロニョロにひん曲がり、奇妙なオブジェと化している。包み紙はオブジェにピタッと張り付き、無理にはがすと必ずしくじって薄皮状の紙片がキャラメルにまとわりついたものだ。

だがしかし、この夏場の変形ウインターキャラメルが、何とも濃い

【ミルクキャラメル】 1925(大正14)年に発売された人気商品。「生産体制が整えば、また復刻するつもりです」とフルヤ産業の4代目は語っている。

【グリコ】「1粒300メートル」というキャッチフレーズで有名なキャラメル。江崎グリコの創業者、江崎利一がカキ(牡蠣)に多く含まれるグリコーゲンからヒントを得て1922(大正11)年に発売。5年後からおまけが付いて爆発的にヒットした。

甘さで旨いのだ。普通のキャラメルは舐めた表面から少しずつ溶けていくが、これは口に入れたとたんに全体がシンナリ柔々、それこそクリームみたいなとろみが口中を支配する。

確かに、ウインターキャラメルは、かじかむような冬の寒さの中でも、かむと不思議な弾力があった。「ウインター」とわざわざ名乗るくらいだから、恐らくは冬場の低温でも溶けやすくする〝仕掛け〟があったはずだ。だからこそ、夏場に常温で放っておくと、あれほど変形したのだろう。

この夏場のウインターキャラメルの食感が、ふと**ロイズ**の生チョコレートのそれに似ていると感じたのは、いつだったろう。生クリームのとろみを生かした生鮮食品感覚の生チョコは今や北海道土産の定番だが、僕が初めて食べたのは10年くらい前だった。

それまで知っていた板チョコや粒チョコのハードな食感とはおよそかけ離れたソフトな生チョコの口当たりに面食らいながら、どこか強烈な懐かしさを感じた。全体が柔らかくトロリとしていて、均質な濃い甘みが口中へ一気に押し寄せるこの感じ……、包み紙もろとも原型をとどめないあのキャラメルの映像がその時くっきり浮かんだ。

【マジソンバッグ】昭和40年代、若者を中心に全国で大流行した絹目ナイロン製のスポーツバッグ。紺地に横文字でMADISON SQUARE GARDENと白文字でプリントされたものが多く、白地に黒っぽい文字のものもあった。

【ロイズ】正式社名はロイズコンフェクトという1983(昭和58)年に創業した北海道のチョコレートメーカー。空港の売店でもお馴染みの「生チョコ」で有名。本店所在地＝札幌市東区東苗穂3の3の2の55［☎011・782・7272］

もうひとつ言えば、アイスクリームでは不動の人気を誇るハーゲンダッツ、その数あるミニカップの中で僕のイチオシはビターキャラメル。ミルキーなアイスクリームに、上質の水飴みたいな粘度を持つキャラメルソースがたっぷり絡まり、これもどこか食感が例によってそっくりなのだ。さらに言えば、その古谷製菓創業家のひとりが社長を務めるチョコレート専門店**ショコラティエマサール**は今、札幌市内に３店舗を構えている。そこの名物ガナッシュ（チョコレートに生クリームやバターを混ぜ合わせたもの）もまた、マンゴーの香りを利かせたホワイトチョコレートに、柔々とあのキャラメルの食感が絡まっている。

ウインターキャラメルはなくなっても、ウインターキャラメルのおいしさは、どっこい生きている。生キャラメルなんていうのが新千歳空港の定番土産になっていること自体、そのことを証明しているっしょ！

【ショコラティエマサール】札幌で生まれた洋菓子とチョコレートの専門店。本店所在地＝札幌市中央区南11西18の１の30［☎０１１・５５１・７００１］火曜休。

卵のひと粒ひと粒にはずむようなかみ心地がしっかり

❖マダラコのコンニャク和え

〔**問題**〕なぜ、マダラの卵は「タラコ」としてあまり出回っていないのか？

〔**答え**〕見た目がおいしくなさそう。

これ、「タラ料理の極意」と題する2006年2月放送のNHK総合テレビ「ためしてガッテン」オープニングクイズで実際に出た問題だ。またずいぶんと直接的な物言いだが、確かにマダラ（真鱈）の卵は、卵巣全体を包む薄い臙脂色の皮の方々に黒っぽい斑点が混ざり、かなりグロテスクな外観ではある。

あっと、念のため説明しておきますと、**辛子明太子**でもお馴染みの普通のタラコは、タラはタラでもマダラではなく、スケトウダラ（介党

【辛子明太子】 スケトウダラの卵巣を塩と唐辛子粉（あるいは専用の調味液）に漬け込んだもので、福岡の名物。スケトウダラを朝鮮語でメンタイ（明太）と呼ぶことから命名された。

鱈）の卵。だからこっちをスケトウダラコ（スケコ）、マダラの卵をマダラコ（マコ）と最初から区別しておけば問題はなかったのだが、特に内地だとスケコのみがタラコとして売られるケースが圧倒的だ。

細身で全長が最大60センチ程度のスケトウダラに対し、マダラは1メートルと大きく、胴回りもでっぷり太っている。そのぶん、卵巣も小ぶりなスケコに比べて5～6倍の大きさがある。まあ、魚好きの道産子なら、スーパーの鮮魚コーナーに売っている実物（マコ、マダラの子、タラコなど名称はまちまち）を見たことぐらいはありますよね？

じゃあ、このでっかいマコは、いったいどう食べりゃあいいのか。先述のように何せ卵巣の表面がみったくないので、普通の塩漬けや辛子明太子には向かない。でも、何たって親魚は**タラ類**の王者である。はっきり言って白身の甘みや脂の乗りはスケトウダラに比べて1段も2段も、いや3段ぐらいは格上なんだし、卵巣だって旨くないわけがない。

事実、タチ、タツ、キクなどと呼ばれる白子は、マダラのほうがスケトウダラよりグッと評価も値段も高いことだって、これも魚好きの道産子なら常識ですよね？

【タラ類】 タラはタラ目タラ科に分類される魚の総称で、日本では北海道をはじめとする北日本沿岸にマダラ、スケトウダラ、コマイの3種が分布。ほかに北極海周辺などでは20種を超えるタラ科の魚がいるが、ギンダラはカサゴ目ギンダラ科に属する別の魚。

さあ、このへんであれを思い出すオジサン世代も多いんじゃないでしょうか。そう、タラコのコンニャク和え(子和え)ってヤツだ。糸コンニャクや突きコンニャクに、タラの卵巣からばらした卵の粒々をたっぷり絡め、醤油、砂糖、酒なんかで甘辛く煮付けたおかずが子供の頃、時々出ませんでしたか?

あのタラコはスケコじゃなく、マコだったわけですよ!

「このマダラのコッコ、なまら旨そうだけど、どやって食ったらいいべ?」、「いや〜、皮、みったくないから取ってばらせばいいっしょ」、「したけど粒、ばらしちゃうとイクラみたいさ大きくなくて箸でつまべないべさ」、「ナンかと和えて卵をそれさくっつけちゃったらいいんでないかい」、「何いいべか」、「卵さ味あるんだから味ないモンがいんでない?」、「したらコンニャクあたりかい……」。

というような自問自答をどこかの大先輩が大真面目にやってくれたおかげで、このおかずは生まれたに違いないのだ。

改めて思い出せば、普通のタラコ、即ちスケコと、このマコの食感は何となく違っていた。まずマコは、卵同士のまとまりがふんわり優雅なのにみっしりとした食べ応えがある。コンニャク和えになって醤油や酒などの水気を相当吸い込んでいるはずなのに、卵のひと粒ひと粒には、はずむようなかみ心地がしっかり残っていた。

スケコは煮たり焼いたりすると時にざらついた舌触りを感じさせるけれど、マコにはそれがない。サラサラとしつこくなく、スケコが牛と豚の合いびき肉とすれば、マコは牛100％(それも赤身のみ)のひき肉、というイメージかなあ。

もちろん合いびきには合いびきの旨さがあるし、牛ひきには牛ひきの旨さがある。つまり、白子はマダラかスケトウダラかではっきり優劣がつくけど、卵の方は加工の違いもあって微妙なんですね。だから見てくれで損しているぶん、ついマコにも肩入れしたくなるわけ。内地の皆さん、もっとマダラのコッコを食べてね～！

金属クリップを引きちぎりおやつ代わりにしたオジサン世代

❖魚肉ソーセージ・ハム・ウインナー

アルコールをちびちび引っかけながら夜更かしをしていて、ちょっとコクの強いつまみが欲しくなったら魚肉ソーセージの出番だ。1本を乱切りにして窪みの深い豆皿に盛り、上にマヨネーズをたっぷりかける。皿にラップをして1分半程レンジで加熱すると、所々マヨネーズの表面がフツフツ焼けて乾き、熱々グラタン風の仕上がりになる。

これがイケる。ソーセージとマヨネーズ内の油脂が外へジンワリとにじみ出て、熱で活性化した香辛料や酢の香りがツーンと来るのだ。普通にマヨネーズを付けてソーセージをかじるよりパンチの効いた刺激的味わいで、度数の強い蒸留酒（泡盛、芋焼酎、スコッチウイスキーあたり）とよく合う。

ま、こんな超お手軽B級つまみを喜々として楽しめるのは、魚肉ソーセージをおやつ代わりに育ったオジサン世代の、郷愁の賜物だからだろう。何しろ僕が小学校に入学した1968(昭和43)年から、魚肉ソーセージの生産量は5年連続で16万トン超を維持していたのだ。98年以降は6万トン前後で推移している今の規模とは桁が違う。

赤々とどぎつい袋を引き破り、朱色のフィルムの両端を縛る金属クリップを犬歯で強引に引きちぎり、その際出来た裂け目のどれかを引っぺがすと、ピンク色のソーセージ本体がやっとこさ姿を現す。そういう《ワイルドな手順を踏まなきゃ現物を拝めない》というちょっとした面倒くささが、実はこの魚肉練り製品の魅力だった。歯を痛めずにクリップを引き離せたか、フィルムや本体が途中でちぎれることなくうまくむけたかで、その日一日の気分が結構左右されていたっけ。

なんていう魚肉ソーセージへの郷愁は、僕らオジサン世代にとって全国共通のものだと思うけど、道産子の愛着にはもっと根本的に深いものがある。つまり魚肉ソーセージの盛衰は、北海道近海、あるいは北洋漁業の柱でもあったスケトウダラ漁の盛衰そのものでもあるからだ。時代によって細々とした変遷はあるが、魚肉ソーセージの《魚肉》

とは、ほぼスケトウダラのすり身のことだ。このスケトウダラは、ホッケやスルメイカ並みに、少し前までの北海道ではワンサカ獲れた魚だ。朝起きたら歯を磨く習慣みたいに当たり前にね。

でも鮮度の落ちが極端に早く、生で食べるにも寄生虫を持っていることが多いため、結局は卵巣のタラコ、せいぜい精巣のタツ（タチ）に需要が集まるぐらいで、親は干して食べるか肥料にするか、ふた昔前ならその程度の下魚だった。

ところが、道立水産試験場が60年に、身崩れしないスケトウダラの冷凍すり身製法を開発したことで状況は一変する。蒲鉾や竹輪を作るのに、この冷凍すり身を使えば生魚をいちいちさばいてから始める工程の半分以下で済み、原料はいくらでもストックが効く。魚肉ソーセージもそう。それまでの原料は何と**インドマグロ**（もともとは54年の**ビキニ環礁水爆実験**に伴う「原爆マグロ」の風評被害で価格が暴落したマグロの有効利用として魚肉ソーセージが奨励された）が主だったが、スケトウすり身が誕生するや、その5年後には生産量がほぼ倍増するのだ。

そして魚肉ソーセージの生産量がピークを維持していた昭和40年代には、僕が生まれ育った釧路はまさにその原料であるスケトウ漁に沸

【インドマグロ】 南マグロ、豪州マグロとも呼ばれる。太平洋とインド洋の南半球海域に分布し、赤身肉に脂肪分が多い。体形や味がクロマグロ（ホンマグロ）によく似ており、クロマグロと称して刺身や寿司ダネに使う店もある。

【ビキニ環礁水爆実験】 1954（昭和29）年、ビキニ環礁で行われた米国の水爆実験「ブラボー」のこと。史上最大の15メガトンで、広島原爆の1000倍ウルトラ水爆だった。周辺海域で操業中のマグロ漁船、第五福龍丸など日本の漁船数百隻以上が被爆した。

き、9年連続水揚げ日本一という第1次黄金時代を謳歌していた(その後79年から13年連続日本一という第2次黄金時代もあったが、これは釧路近海でイワシが大量に揚がったことによる)。

今、北海道のスケトウ漁は、漁場が北洋全域に広がっていたあの時代の規模の5分の1、いや6分の1にも満たないと言われる。この間、米ソなどが排他的経済水域を設けた200カイリ時代があり、スケトウ価格の高騰があり、魚肉ソーセージへの保存料添加問題があり、畜肉ソーセージの台頭があり、それでも昨今の低カロリー・魚肉志向の健康ブームに乗って、何とか、したたかに生き延びている。それが、オジサンがさっきレンジでマヨネーズとチンした魚肉ソーセージってヤツなのだ。道産子にとって、これはもはや〝戦友〟とも言える存在なのである。

❖松前漬け

ニンジン入れるのがいつからかフツーになってません？

「いかにんじん」というヘンテコな名前の料理があるのを知ってます？　スルメとニンジンを細切りにし、醤油、日本酒、みりんなどで味付けする保存食で、ほぼ福島県北部（福島市や伊達市周辺）限定の郷土食だ。福島出身の俳優、佐藤B作さんがテレビで紹介（2000年のこと）して以来、地元の名湯「**飯坂温泉**」に行くと、食堂の箸休めや旅館の朝食なんかでちょくちょく見かける。

どっちかと言うと、ニンジンの甘みとシャキシャキ感をサラダ感覚で楽しむ漬け物で、スルメは魚介のコクをニンジンにまとわせる脇役だ。とは言え、このいかにんじん、道産子としてどうしても松前漬けとの関係を考えないわけにはいかない。我が家もそうだが、いつから

【飯坂温泉】 鳴子・秋保とともに奥州3名湯に数えられ、1689（元禄2）年には、松尾芭蕉が奥の細道の途中に立ち寄ったとされる歴史ある温泉地。摺上川とその支流赤川の流れを中央に、大小様々な旅館が軒を並べる。

か松前漬けにもニンジンを入れるのがフツーになってません？ それに《醤油＋日本酒＋みりん》という味付けの基本は、いかにんじんも松前漬けもほぼ同じなのである。でも調べてみると、実は元々の松前漬けって今の醤油中心の漬け込み方ではなく、どうも塩漬けが始まりなんですよね。明治以前、道南の松前や江差は言わずと知れたニシンの一大漁場で、当然カズノコもワンサカ余っていた。これをただの塩カズノコにするだけでは飽きるし追いつかないので、昆布やスルメを足して味に変化を持たせた塩漬けこそ、松前漬けの原型なのである。

つまり、最初はあくまでもカズノコが主役だったのだが、時代が下るにつれニシンもカズノコも獲れなくなり、次第にスルメや昆布中心の松前漬けに取って代わったわけ。そうなると、今度は堅い昆布やスルメをある程度柔らかく食べやすくする必要が生まれ、醤油に長時間漬け込んで〝乾物を戻す〟やり方が主流になっていく。

これが今のオーソドックスな松前漬けの前身で、それまでの塩漬けに比べて甘みやまろみが一段と強調され、何より昆布のネバネバ感、トロトロ感が味に革命的な膨らみをもたらした。ちなみに函館の老舗「**山形屋**」が醤油中心の松前漬けを商品として売り出したのは1937

【山形屋】 道南地方ではごく普通に各家庭で作られていた松前漬けを、初めて商品化した老舗として知られる。所在地＝函館市宮前町3の20［☎0138・41・5351］

(昭和12)年というから、このあたりが塩漬けから醤油漬けへ代わる分岐点という気がする。

ただし、山形屋の松前漬けには依然カズノコが入っている。一方、松前漬けの本場中の本場、つまり松前町で1955(昭和30)年に創業した「**蝦夷松前　龍野屋**」伝統の特製松前漬けは、きっぱりスルメ、昆布、それに醤油だけで仕上げるシンプルな構成で、そこにカズノコの姿はなくなるのだ。この流れを見ると、松前漬けの変遷とは、要するにニシン漁の盛衰と一体であることがわかるだろう。そして恐らくこれ以降(つまり昭和30年代以降)、カズノコがほんの申し訳程度にしか入らない松前漬けに新たな彩りを添えるため、ニンジンに白羽の矢が立ったのではないかと想像できる。

となると、幕末の頃、すでに福島県北部の郷土食として成立していたとされるいかにんじんと、今のニンジン入り松前漬けとは、直接的関係はないことになる。だが、福島側ではあくまで「いかにんじんこそ松前漬けのルーツ」との持論を展開する。その根拠は1807(文化4)年に松前藩が福島県北部(現・伊達市周辺)に国替え(転封)となったことだ。相当数の武士階級が1821(文政4)年に再び松前へ国替

【蝦夷松前　龍野屋】細く切った昆布とスルメイカを醤油漬けにして熟成させた松前の伝統的な保存食、松前漬けの老舗。店内の売店では量り売りも可能で、100グラム315円〜。おしゃれな茶屋も併設。所在地＝渡島管内松前町福山74の1【☎0139・42・3800】水曜休。

えとなるまでこの地と行き来し、「その間に、いかにんじんの存在を知り、松前に戻って特産の昆布やカズノコを加えた松前漬けを考えた」というのが福島側の主張だ。

でも、これには無理があるんでないかい！　今まで書いたように、松前藩が国替えから元の鞘に収まる当時の松前漬けは醤油漬けではなく塩漬けで、いかにんじんとは全く味付けが違う。むしろ松前藩の転封先が内陸の盆地であることを考えれば、逆に松前藩の特産だったスルメが福島側に伝わり、いかにんじんの原型が生まれたと考えられないこともない。しかも、1856（安政3）年から明治維新まで、この福島の地は再度松前藩の飛び地扱いとなっている。この間、松前藩の特産物は福島でさらに身近な存在になったろうし、どだい、福島の内陸でスルメを使った漬け物が自発的に生まれるなんてあり得るかぁ？

なーんて、道産子はどうしても《松前漬けこそ、いかにんじんのルーツ》と思いたくなるのだ。ま、お国自慢はお互いさま、どっちが本家かは別にして、僕は松前漬けにニンジンが入るのを決して邪道とは思わない。と言うか、熱を加えず生のニンジンをおいしく食べるやり方として間違いなくイチオシなのである。

❖シシャモ

脂の抜けた頭の部分は虚飾を脱ぎ去った洒脱な味わい

「蓮根は穴のところが旨い」とは明治から昭和を生きた希代の文筆家、**内田百閒**の名文句だと思うが、それなら僕も「シシャモは串の通った頭の穴が旨い」と言わせていただきたい。こんがり焼き上がった熱々のシシャモに頭からかぶりついた時の、空気をたっぷり含んだあのサックリ感！

はち切れんばかりの卵を蓄えた腹ももちろん旨いけれど、カラカラに焼かれて焦げ目の入った頭の香ばしさもなかなかの存在感だ。ヨモギの枝を通すため口に空けた穴にフワフワとその香ばしさが漂い、頭と一緒に空気をかじっているような感覚になる。豊満の腹と枯淡の頭と、まさに対比の妙だ。

【内田百閒】1889(明治22)年、岡山市生まれ。小説家、随筆家で本名・内田栄造、別号・百鬼園（ひゃっきえん）。得体の知れない恐怖感を表現した小説や独特なユーモアに富んだ随筆などを得意とした。主な著作は『続百鬼園随筆』『百鬼園俳句帖』『御馳走帖』、『実説艸平記』『阿房列車』など。

釧路生まれの僕にとって、シシャモは文字通りソウルフードだった。10月から11月、すっかり冬支度一色になる初冬の港町の軒先に、釧路川で揚がった新物のすだれ干しが競うように並ぶ。

昨今のスーパーでよく見かける輸入物の**カラフトシシャモ**と決定的に違うのは、何より色合いだ。カラフトシシャモが青みがかっているのに対し、日本固有（と言うか北海道太平洋岸固有）の我が本（ホン）シシャモは断然赤みがかっている。銀箔の肌合いが青々しいカラフトシシャモは何となく鋭利で冷たいイメージだが、本シシャモにうっすら差す紅色には、柔和で温かい印象が膨らむ。実際、本シシャモ（特に雌）の外観はカラフトシシャモに比べてお目目パッチリで口も大きく、人懐こい快活な感じ。一方、カラフトシシャモはウロコがほとんど目立たず、肌も氷のように冴え冴えとしている。かえって本シシャモのウロコのざらつきに、素朴な温かみを感じたりもするのだ。

それにしても首都圏のスーパーじゃあ、本シシャモなんてトンと見かけなくなった。たまにあっても雄だったり、子持ちの雌だと1匹の単価が最低１００円以上はする。カラフトシシャモの少なくとも5倍超だ。

【カラフトシシャモ】キュウリウオ科の英語名「キャペリン」という海魚。川に遡上することはない魚だが、シシャモの代用品として干物が市場に大量に出回る。シシャモに比べウロコが小さく瞳孔が大きいので、容易に判別できる。太平洋、北大西洋の極北海域、オホーツク海、ベーリング海に生息。日本では北海道のオホーツク海沿岸にも回遊する。

もちろん根っからのシシャモ好きとしてはカラフトシシャモでも十分おいしいのだが、何というか本シシャモを食べたときに感じる郷愁、潤い、余韻みたいなものが、カラフトシシャモはどうしても欠ける。これは、冷めたシシャモを食べるとその差がよくわかる。冷えたカラフトシシャモには脂焼けみたいな苦みや酸みが鼻につく一方、本シシャモは冷たくなってもその苦みに清澄感があり、全体が乾き切らずに、一定の湿り気を保っている。

なぜこんな差が生まれるのか。釧路市漁業協同組合のホームページ(http://www.gyokyou.or.jp/)にある「ししゃも大辞典」という項目を眺めていたら、こんなことが書いてある。「カラフトシシャモは索餌期のものを漁獲するので脂がある」。一方、「釧路産シシャモの生干しは、脂が多い時期には漁獲しないので脂肪は少なめ……」という。つまり、釧路のシシャモは産卵のため釧路川へ遡上する魚の群れを直前の沿岸で獲る(だから漁期は10~11月と決まっている)ことから養分はすっかり卵に取られ、身は脂肪分がほとんど抜けた状態だ。

これに対し、カラフトシシャモは河に遡上しない全くの海産魚。卵を抱き始めた段階で漁獲されるため、まだ身全体に脂が回っている。

これを生干しして冷凍保存したものが日本へ輸入され、再度解凍して店頭に並ぶことを考えれば、カラフトシシャモに脂焼けの匂いを感じるのも当然といえば当然だろう。

一方の本シシャモには、産卵直前の卵に濃厚な旨みが凝縮されている。だからこそ、それがみっしり詰まった腹の部分は冷めてもジューシーなコクを保ち、対照的に脂の抜けた身、特に頭の部分には、一切の虚飾を脱ぎ去った潔い洒脱な味わいが生まれるわけだ。

その軽妙なおいしさをいっそう引き立てるのが、そう、串を通すため口に開けた、あの穴なのだ。そこで、シシャモを扱う業者の皆さんにお願いがあります。シシャモを連ねる串、あれはやっぱり本来のヨモギか、せめて植物の枝を使いましょうよ！　よく見かけるプラスチックのストローでは穴のおいしさが半減しちゃいます。

タマネギの甘みに辛子のツンととんがった刺激

❖豚肉の串焼き

焼き鳥と聞いて、なぜか真っ先に豚串を思い浮かべる道産子は多いと思う。僕もそのひとり。何しろ初めて焼き鳥屋に入ったのは40年近くも前、小学校2年のときのこと。連れてく親も親だが、入れる大将も大将だ。

7、8人も座ればぎゅうぎゅうの、鉤の手に折れたカウンターの角に小さな焼き台があり、**ゴジラとミニラ**を足して割ったようないかつい顔のオヤジが、器用に串を転がしている。その焼き鳥が豚バラだったのだ。赤身と脂身が交互に混ざった肉片の間に長ネギが挟まり、これをタレ壺に出し入れしながら香ばしく焼き上げる。

ジューシーな脂がジュクジュクと肉片の表面ではぜ、滴る肉汁が

【ゴジラとミニラ】 1954（昭和29）年に公開された東宝映画『ゴジラ』に登場した架空の怪獣がゴジラ。その人気は日本だけにとどまらず、外国ではラドン、モスラと並び東宝三大怪獣と称される。なお『ゴジラとミニラ』は、常夏の島「ゾルゲル島」を舞台に、教育パパ「ゴジラ」とゴジラ登場から13年目にして誕生した不肖の息子である「ミニラ」が繰り広げるファミリー向け怪獣映画で、正式タイトルは『怪獣の決戦ゴジラの息子』。

真っ赤な練炭に落ちてジュッと煙が上がる。長ネギは全体が皺々になりつつ所々に焦げ目が入り、脂で焼かれて香ばしさが立つ。そこへ甘辛いタレの、何とも言えないとろみを感じる匂いが鼻をくすぐるのだ。いやはや、子供にはめくるめく快感。おにぎり持参(これが許されちゃうから子連れもOKなのだが)でほお張る豚串の、この旨さはいったい何だべと、その後2～3日は奥歯がイズイほど夢中でかみまくった。

何度も書いているが、当時、僕は釧路に住んでいた。この焼き鳥屋はズバリ「赤天狗」という店。釧路川にかかる久寿里橋(幣舞橋のひとつ上流)の程近く、ちんまりした飲み屋街「**赤ちょうちん横丁**」の入り口にあった。港町のシバレる風雪にさらされ続けたような、ひと癖もふた癖もある強面のオヤジが、機嫌によって途端に破顔一笑する風貌は、子供心に迫力満点だったなあ。

というわけでこの時代、釧路の焼き鳥は明らかに豚串が主流だった。それもバラ肉、もしくは精肉一本槍で、レバー、ガツ、ハツ、シロといった内臓を焙る焼きとん(豚)は、ほとんど見なかった気がする。その代わり、内臓類は焼き肉屋の味噌ホルモンとなってよく出ていた。肉と言えばまず豚肉という道産子の食文化は、こんなところからもう

【赤ちょうちん横丁】道内でも最古といわれる飲み屋街。現在も個性的な飲食店27軒が集まり、「赤天狗」の後継店「のっこ」も元気に営業中。

かがえる。

鶏専門の焼き鳥屋であってもやっぱり豚串があり、居酒屋メニューにも堂々と焼き鳥の項目に豚串が並ぶ北海道のキング・オブ・豚串と言えば、室蘭焼き鳥だろう。バラ肉に長ネギならぬタマネギを挟み、焼き上がりにたっぷりの洋辛子を添えるスタイル。室蘭はかつて鉄、造船、石油精製など重厚長大産業の基地として栄えた、いわば男の街だ。工場勤めの男たちの胃袋をガツンと、しかも手早く満たすには、やっぱり脂が《重》く、ぶ《厚》いかみ応えで、串の《長》い、《大》きな豚串が最適だったのだろう。

じゃあ、なぜ長ネギじゃなくタマネギなのか(ま、たぶんそっちのほうが原価的に安上がりだったんでしょう)、なぜ辛子を添えるようになったのか(ま、内地あたりじゃ焼きとんに添えるパターンが多いから、それに倣ったんでしょう)は諸説あるが、タマネギの瑞々しい甘みに辛子のツンととんがった刺激、どっちも豚の脂でだれた舌をスパンと断ち切ってくれることは確かで、この絶妙な取り合わせには、ひたすらうなるしかないわけです。

さて、ちょっと古い話になるが、2005年5月27日付『釧路新聞』

にこんな記事がある。

釧路の盛り場で、赤ちょうちん横丁の名物、「赤天狗」が6月1日をもって閉店、1952年以来53年の歴史に幕を下ろす。切り盛りしてきた店主の小野寺辰三郎さん(89)は「生涯、焼き鳥人生を貫くつもりだったが、そうは問屋が卸さなかった……」。

記事によれば、赤天狗のオヤジだった小野寺さんは、はじめリヤカーを改造した屋台で焼き鳥を商い、1968(昭和43)年に件の店を構えたという。謎の高濃度カクテル「摩周湖の水」を、出すオヤジも注文する客もコップを思い切りカウンターに《ガン!》とたたきつける独特の流儀などから、「赤天狗は釧路の文化」とまで言い切るほどディープなファンが多かった。そんな名物店も、半世紀余りでついに姿を消していたのか……。

オヤジが念願の店を構えた当初に、その豚串を僕は生意気にもほお張っていたことを、この記事で改めて知った。あの豚串の味には、まだ若かったオヤジの希望も宿っていたんだろうなあ。

❖ハタハタの飯ずし
漬けるには相当な手間毒味と称して父親がまず味を見た！

「末期《まつご》に食べたいお前のソウルフードをひとつ選べ」と言われたら、間違いなく「**ハタハタ**の飯ずし」と僕は答えるだろう。生まれ育った釧路でも、中学高校時代を過ごした札幌でも、親は毎年飯ずしを漬けていたし、大学生や社会人になって内地に暮らしてからも、この自家製飯ずしを送り続けてもらった。

漬けるには相当な手間が要る。12月に入ると市場でトロ箱ごと生のハタハタを仕入れ、頭と内臓を落としたら血抜きのため水さらしをする。四角いポリバケツに水を張り、1日5回ほど水を入れ替える作業を釧路の頃は3日、札幌に引っ越してからは5日《札幌は気温が高めなのでより慎重に》続ける。生暖かい日はホースでつないだ水道水を

【ハタハタ】ハタハタ科に属する体長15センチほどの小型海魚。通常は水深450メートル以浅の大陸棚に生息。北海道では石狩市の厚田など日本海沿岸、男鹿半島一帯の秋田沖、山形沖などで漁獲される。冬が旬の白身魚で味は淡白だが、意外に脂を持っている。しょっつるやハタハタの飯ずしは秋田の代表的郷土料理。

チョロチョロ出しっ放しにするが、その加減が難しい。やり過ぎると、本来の旨みやエキスも逃がすことになるからだ。

この後、ひたひたの酢水にハタハタをひと晩浸したらザルに上げて水気を切る。ここまでがまず第1段階。それからハタハタと一緒に漬ける具を用意する。キャベツ、ニンジン、ダイコン、キュウリ、ショウガ、鷹の爪、ユズかミカンの皮。キャベツ以外は細かく、キャベツはかなり大ぶりに切るのがうちの特徴だ。

漬け込みは、最初のうちは大男が抱えても持てない昔ながらの木樽を使ったが、余りに腰に来るので途中からプラスチックの一斗樽に変わった。ハタハタを平らに均したら、ご飯と糀を半々の割合で混ぜ込み、上から具を散らして酢、塩、酒、砂糖を回しかける。これを層状に積み上げたら蓋をし、1週間ほど重石を乗せる。前半は材料全体の倍ぐらいの重みをかけ、後半は3倍程度にする。

中で乳酸発酵が進むに従い、樽の縁へ徐々に水分が上がり、ほぼ1週間で上がり切る。ここまで来たら、水を捨てるため樽をひっくり返す。より水気を切る場合はレンガなんかにひっくり返した樽を乗せ（つまり蓋が底になる）、本来の底に重石を置いたりもする。うちはある程度水気が残ったものが好みだったので、水を捨てたら普通に重石を置き直していた。

水を捨ててからだいたい4、5日で漬け上がり、クリスマスが終わる頃、毒味と称して父親がまず最初に味を見た。で、翌日もピンピンしているのを見て、僕も待ちに待った食べ初めをする。毎年のことながら、ハタハタの飯ずしは切なくなるほどなら旨い！

あれだけ水にさらしても、その身は噛めば噛むほど《どこに隠れていたの？》というくらいフレッシュな旨みと脂が湧いてくる。野菜の甘み酸み、生姜の刺激、糀やご飯のコク。あらゆる味の要素が複雑に入り組み、力強い旋律を奏でながら、しかしハタハタの威風堂々とした旨みが図抜けている。

でも内地の人って、なかなかこの飯ずしのオイシサをわかってくれないんですね。近江名産の**鮒**《ふな》**ずし**（もちろんこれはこれで旨いけど）よりよっぽど食べやすいはずなのに、大半の人は鼻を近づけただけで遠慮する。社会人になりたての頃は取材先に持って行ったりもしたが、あまりに敬遠されるので、いつからか人に勧める気もすっかり失せた。

【鮒ずし】滋賀県大津の名物として知られ、琵琶湖産のゲンゴロウブナ（中でも抱卵している雌のニゴロブナが最適）を使った「なれずし」の一種。内臓を取り除いて塩蔵し、2、3カ月後に炊き立てご飯と交互に漬け直して自然発酵させる。熟成させたチーズに似た独特な匂いが特徴。

が、ひとりだけ例外がいる。東京・浅草で明治から続く「紀文寿司」の4代目だった関谷文吉さんだ。魚介の魅力はそれぞれが持つ個性的な香りにあるというのが持論で、彼の著書『魚味礼讃』は、僕が寿司おたくの道を歩むきっかけを作った本だし、もちろん店にもよく通った。

1997年から2年間余り、僕は東京を離れて北海道支社勤務となり、高校以来ほぼ18年ぶりに札幌の住民となった。この時、ふと思い立って関谷さんへ飯ずしを送った。99年正月明けのことだ。程なく届いたはがきに、こう書いてあった。

素朴な味わいの中に、道産子が愛しみ育んだ風土がまざまざと浮かび上がる。この旨さは最後の最後、皮に行き着く。一片の皮に凝縮された味をかみしめること、即ち北海道を食らうこと！

うなってしまった。まさにそうなのだ。飯ずしで食べるハタハタの皮には、僕自身も得体の知れない魅力を感じていた。薄っぺらい皮なのに強靱な弾力があり、身が喉を通った後も最後まで口に残っている。そのヌメッとした食感に普通なら後味の悪さを感じるはずが、どこか人懐こく、いつまでも口中に置きたい妙味がある。そのことをストンと教えてくれたのが、このはがきだった。

が、それから程なく関谷さんは病に倒れ、入退院を繰り返しながら２００７年春、59年の生涯を閉じた。

思えば関谷さんに飯ずしを送った時の仕込みは、我が実家最後の飯ずし作りだった。親の体力が続かない以上、これはもう仕方がない。あの味を正確に知るただひとりの、かけがいのない内地の友人を失ったのだ。これをソウルフードの第一に挙げないわけには、どうしたっていかない。

第４章

おまけ系

どさんこ
ソウルフード

魚卵の女王は何と言おうとハタハタのブリ子

❖肝…白子・卵いろいろ

今から考えると冷や汗ものだが、子供の頃はホタテのウロをよく食べさせられた。あの深緑色をした肝の部分だ。正式には中腸線という、胃や肝臓や膵臓の役目も兼ねる臓器。餌のプランクトンが毒化して貝毒が溜まる場合があり、ホントは食べちゃいけないことになっている。

でも、母親は殻付きホタテを仕入れるたび、醤油やみりんでウロと生殖巣を一緒くたにして甘辛く煮込んでいた。何しろ〝もったいながり屋〟なのだ。これがまあ、まずいような、でも、もしかしたら旨いような、でも、やっぱりまずいような、つまりヤバイ味なのだ。生殖巣(白っぽいのが精巣で、よりピンクっぽいのが卵巣です。念のため)は子供にもわかりやすい旨みがあるが、ウロは苦みと渋みがキツイ。臭いも強く、喉にいがらっぽさが残り、舌触りもざらついている。《馬糞を食ったらこんな感じだべか》なんて想像しつつ、《どこかウニとおんなじ味もするなあ》なんて思ったり。ま、振り返ればこの頃から僕は魚介の肝、白子、卵の類によくよく目がなかった。

アンコウの肝、カジカの肝、マダラの肝、ゴッコの肝、サケの肝。北の海に生きる魚介の肝は、味噌汁にするとグッと味が引き立つ。何度も書いたが、北の魚は白身であっても脂が重たいから当然肝もコクが強く、時にはそれが臭みにもなる。味噌はその臭みをうまく消すし、汁物にすることで肝の強いコクが和らぎ軽快になるのだ。

白子で思い出深いのは断然ニシン。春先になると、カズノコをでっぷり抱えた生ニシンが出回り、これを焼くか煮るかしたおかずは、もちろん大のごちそうだった。でも、うちではカズノコ入りの雌より白子の入った雄が食卓に上る確率が圧倒的に高く(たぶん商売をやっていた関係で、子持ちはもっぱら小売り用に回った)、食べ慣れるにつけ、すっかり白子の虜になってしまった。

ほかの白子と違うのは、焼き芋を思わせるようなホコホコ感があること。白子と言えばフグやマダラのタツ（タチ）みたいに、クリーミーなとろみが身上だけど、ニシンの白子はむしろ極上の蒸し蒲鉾みたいな歯応えが魅力。とにかく醤油と相性が良く、甘辛い煮付けにすると、ご飯が進む進む！

　サケの白子のフライもよく食べた。これ、煮たり焼いたりだとやや生臭さかった記憶がある。が、油で揚げるとその生臭さが消え、鶏の笹身を揚げたみたいな優しい香ばしさが立ってくる。

　ウスターソースをビシャビシャかけ回し、さらにコショウを効かせると、なぜか白子フライは俄然甘みを増し、僕は当時流行った仮面ライダースナック（発売元はカルビー。袋にはかっぱえびせん姉妹品と書かれていた）と似た甘みをそこに感じていた。なぜ《サケ白子＝仮面ライダースナック》なのかは、今もってちゃんとした理由付けができない。誰か説明してくれませんか？

　魚卵系で懐かしいのは、**カニの外子**の醤油漬けだ。特にタラバガニの外子。深い臙脂《えんじ》色《いろ》をした小さな小さな粒々の塊をさっと茹で上げ、ほんのちょっと酢を加えたキッコーマンの「**めんみ**」に漬ける。これは子供心にもイクラや筋子、タラコにカズノコ、トビッコなんかが束でかかってきても適わない魅力があった。

【カニの外子】 タラバガニでは、カニの体内にあるオレンジ色のものが内子、房状のものが外子。未成熟の卵である内子が成熟すると外子になり、ふんどしの外側へブドウの房のようにびっしりとつく。

【めんみ】 カツオ節や煮干、昆布、サバ節、ホタテからとっただしに、しょうゆと本みりんを合わせた濃縮5倍のツユ。キッコーマンの製品で、一般家庭では麺類や丼物、煮物、鍋、おでんなどの和風料理に使われる。なお、容量の異なる5種の製品のうち、3種が北海道限定品。

あんな小さい粒々なのに、ひとつひとつがコリコリ弾むような弾力があり、プチップチッと皮を破ると、意外にも中のエキスはジューシーで旨みたっぷり。しかも、その外子を北海道限定のロングセラー「めんみ」の濃縮麺つゆに浸すんだから、もうたまりません！

しかし、まだまだ。僕にとって魚卵の女王とは、誰が何と言おうとハタハタのブリ子なのである。年の瀬も近づいた冬場に、たっぷりブリ子を抱えたハタハタを甘辛く煮付けた一品が食卓に上ると、それだけで僕は幸せだった。粘液にまみれたブリ子のプリコリした弾力と、かめばかむほど旨みが増すのに、最後の最後、その旨みがあっさり消えてしまうはかなさ、潔さ。

この歳になっても、初物の子持ちハタハタが店頭に並ぶと、興奮と切なさがない交ぜになって胸がドキドキする。僕はやっぱり、つくづく道産子なのだ。

❖糠サンマ

身は刀というよりむしろ砲弾 思う存分餌を食べてきた成魚のコク

「秋刀魚」と書いてサンマ。でも最近のサンマって、何だか「夏刀魚」と書いたほうが似合うくらい出盛りが早い。

特に東京あたりだと、気の利いた料理人はこぞって7月半ばぐらいの根室産、あるいは釧路産のサンマを使いたがる。確かにこの時季、道東産として築地に入る上物（卸値で1本1000円は軽く超える）は驚くほど脂が乗っていて旨い。

身は刀と言うよりむしろ砲弾と呼びたいくらい。丸々とはちきれんばかりで、皮ぎしには背中にまでギラギラした脂肪層が入っている。わた（内臓）は苦みより澄み切った快調の甘みが先に立つ。思う存分餌を食べてきたであろう成魚のコクだ。初物はえてして味の冴えに欠けるものだが、サンマに限ってはそれが当てはまらない。

で、梅雨が明ける頃になるとぼちぼちこの道東ものが東京のスーパーにも並び始め、8月に入れば価格も1本100円前後に落ち着く。塩焼き、刺身、**なめろう**、酢締め、などと日替わりで安くおいしいサンマを楽しみながら東京の厳しい暑さを何とか乗り切る、というのが近頃の僕のパターンだ。

が、ここで釧路育ちの道産子である僕は、はたと考え込む。少なくとも子供の頃はサンマが夏のものという印象はなかったし、刺身で食べることも滅多になかった。それに昔のサンマって、こんなにも脂肪がギラギラと暴力的だったべか。もっとこう、はかなげというか、物寂しいというか、哀愁を感じさせる魚だったような……。

思い出すのは、**佐藤春夫**の名作「秋刀魚の歌」（詩文集『我が一九二二年』所収）だ。「あはれ　秋風」が吹く季節に「さんまを食《くら》ひて　思ひにふける」。男女の間に揺れうごめく陰影深い愛憎の、酸いも甘いもかみわけた末に、「さんま、さんま、さんま苦いか塩っぱいか」と慨嘆する切なさは、確かにあの頃のサンマの味わいだ。

しかし、今のサンマとなると、その「あはれ」という言葉がどうも

【なめろう】アジやサンマなどの鮮度の良い青魚を刺身同様におろし、身を細かく包丁でたたき、大葉か長ネギのみじん切りと合わせて、味噌で味を調えた料理。もともとは漁師料理で、千葉県房総半島の「アジのなめろう」が特に有名。イワシ類やトビウオも「なめろう」にされる。

似合わない。

よくよく思い出せば、たとえ釧路という一大漁場であっても、当時のサンマはまだまだ鮮魚の扱いではなく、ある程度の日持ちを考えてひと塩をすることが多かった。ニシンやサバといった青背の魚をひと塩にするのと同じだ。塩の利いたサンマを焼くからしょっぱくもあり、その程度の鮮度だったから、わたの苦みも強かった。

ごく大ざっぱに言えば、日本付近の太平洋に広く分布するサンマは冷水性の回遊魚だ。夏場になると餌の動物性プランクトンを求めて北海道から千島沖へ流れ、ここで脂肪をたっぷり蓄えた群れが移動と産卵に向けて順に本州方面へ南下する。

だから、南下をすればするほど身は痩せ脂も落ち、佐藤春夫の生まれ育った紀州和歌山で水揚げされる頃(おおむね晩秋から翌年早春)は〝麦サンマ〟と呼ぶくらいに味が抜けている。

そういう塩サンマを焼くのだから「そが上に　青き蜜柑の酸をしたたらせて　さんまを食ふ」ことが「ふる里のならひ」でもあったわけだ。青きミカンが紀州和歌山の「ならひ」ならば、我がふるさと釧路の《ならひ》は糠サンマだと思う。

【佐藤春夫】1892(明治25)年、和歌山県新宮町(現・新宮市)生まれ。1918(大正7)年、谷崎潤一郎の推薦により『李太白』で文壇デビュー。その後『田園の憂鬱』、『殉情詩集』など、次々に秀れた作品を発表。また、故郷紀南の地をこよなく愛し、「秋刀魚の歌」をはじめ「望郷五月歌」(『閑談半日』所収)など多くの詩を残している。ラジオ番組を自宅で録音中の1964(昭和39)年、心筋梗塞により72歳で死去。

めっきりと風の冷たさが増す秋口になると、やや脂の落ちたサンマの頭とわたを落とし、十分に塩を馴染ませたら糠床に漬け込む。これが晩秋の保存食である糠サンマ。

これを石油コンロに渡した網で焼くと、それこそ火事みたいにモウモウと煙が湧き上がり、酸っぱいような、ひねたような、脂と糠が入り交じってほとんどアンモニア臭と区別のつかない、強烈な臭みが辺りに充満した。それが、子供の僕にとっては目にも鼻にもかなりの刺激だったことを鮮明に覚えている。これが、かじるとまた脳髄の奥までしびれるようなしょっぱさ。ほんのひと切れでご飯3、4回はいっぺんに口へ運んでいた。

その頃は大して旨いとも思わず、どうせ糠ものならまだ糠ニシンや糠ボッケのほうがマシぐらいに感じていたのだが、振り返れば糠サンマのはかなさ、切なさ、物寂しさがたまらなく懐かしい。あの味が原体験にあるから「秋刀魚の歌」の一字一句が深く胸に刺さってくる気がする。

8月の声を聞けば、東京でも確実にふるさとの生サンマを刺身でおいしく、しかも安く食べられる昨今の現実は素直にうれしい。その日一番最後の網で獲れた中（つまり一番新鮮）から、さらに極上品を選んで航空便にし、翌日には首都圏の店頭に並ぶ釧路漁協のブランドサンマ「青刀《セイトウ》」が話題に上っていることも、オジサンには自慢だ。

だがしかし、糠サンマや塩サンマを抜きにして「秋刀魚の歌」の本当の味わいが理解できないのもまた事実なのだ。

旨い生サンマに今日も舌鼓を打ちながら、《でも、たまには辛口の糠サンマでご飯をわしわしかっ込みたいよな》などと考える。つくづく、食とはやっかいな強欲である。

❖元祖塩ホルモン

古びた引き戸を開ければ盛りつけや値段も〝ザ・北海道〟

うかつにも最近まで僕はこの店を知らなかった。知らなかったことをとても悔やんだ。なぜか。北海道の本質を知るのに、一番手っ取り早い店だからだ。

旭川市役所のすぐそば、長屋の並ぶ小さな飲み屋街にある「**馬場ホルモン**」（看板は「ホルモン焼馬場」とある）。地元では元祖的存在の、**塩ホルモン**専門店だ。道外からの観光客は、あまりに殺風景なロケーションにまず面食らうだろう。歩道も車道も区別のつかない路地に挟まれ、寄り添うように佇む民家とも商店とも量りかねる**トタン**屋根の小体《こてい》な家々。壁づたいにペンペン草が寒風に揺れている。こういううら寂しい飲み屋小路の軒先に垂れる冬場の大きなツララが、昔は北海道お決

【馬場ホルモン】 所在地＝旭川市7条通8右4［☎0166・23・0947］

【塩ホルモン】 牛や豚などの臓物（ホルモン）に塩や香辛料などで味をつけたもの。

まりの風景だった。

薄暗い蛍光灯の看板がわずかに照らす古びた引き戸を開ければ、中はモウモウと煙が立ち込め、目が痛い。天井も壁も床も何もかもがすすけ、黒光りしている。中にへばり付くどんより湿り気を帯びた熱気。燻煙香、焦げ臭、臓物の血や脂の匂いにアルコールと紫煙が混沌と絡まり、密室に淀んでいる。

カウンターやテーブル、座敷には七厘がドンと置かれ、豆炭がカンカンに熾っている。客は金網でひと皿500円也のホルモンと付け合わせのタマネギをひたすら焼いて食べるのみ。メニューはこれだけだから悩む必要なんかないのだ。

スヌーピーのキャラクターが描かれた円皿には、大ぶりの豚の臓物がてんこ盛りだ。ガツ(胃袋)、シロ(小腸)、ハツ(心臓)、レバー(肝臓)。どれもピカピカに輝いて新鮮そのもの。特有の臭みにすら何だか清涼感がある。網に乗っけると弾力あるガツやシロがとたんに身を縮め、バネ仕掛けみたいにクルンと丸まる。表面の焦げ目がパチパチはぜる頃を見計らってガブリ。

コリコリ感とジューシー感が同時に楽しめるガツの力強いかみ心

【トタン】元はペルシャ語で、ポルトガル語から転訛した言葉。亜鉛でメッキした薄い鉄板で、ブリキよりも科学的耐性が優り、北海道では住宅の屋根に使われている。

地。かめばかむほど滋味深い旨みがわいてくる強靱なシロ。シャキッと潔い歯触りのハツ。ほろほろと溶けるような口当たりのレバーは深い甘みと苦みを同時に醸し、疲れたあごをいたわる。塩コショウのみのシンプルな味付けが、臓物の豊かで複雑なコクを際立たせている。

付け合わせのタマネギがまたニクイ。塩をまぶしただけのぶつ切りに火が通ると表面は飴色に渇きつつ、中は水気が膨らみ透明感が増していく。熱々をかみしめると甘いジュースが繊維の狭間からほとばしり、臓物の脂をスパンと断ち切る。全くタマネギ様様だ。

で、話は最初に戻る。なぜこの店が〝ザ・北海道〟なのか。それは以下の理由による。

①開けっぴろげなこと。

②でもどこか陰があること。

まずは①だ。《ホントにこれでやっていけるの？》というくらいに安い。だって1人前500円のホルモンの推定重量は400グラムある。しかもあくまで推定で、学生や若いサラリーマンと見るや、店を切り盛りするオバチャンはどうも1・5人前くらい盛りつけちゃう癖がある。もちろん値段は変わらずだ。酒は1升瓶の甲類焼酎と梅エキスがこれも目前にドンと置かれ、各自が勝手にコップへ注ぐ自己申告制で1杯150円(これも推定)。どう頑張って飲み食いしても勘定は1000円をやっとこさ超えるくらいがいいとこだ。

さらに地元の常連はというと、ありゃ、ご飯やお握りやキュウリ漬けなんかを持ち込んでフツーに食べているっしょ！　もっと言えば領収書は店名すら手書きだし、夕方過ぎちゃうとおばちゃんはどっかに消えちゃい、アルバイトの旭川医大生がひとりで店を任されちゃってるし、小路奥の共同トイレは大がボットン、小は《壁一面にそのままどうぞ》式だし、そういう意味で商売っ気はゼロだ。

歴史が新しくて地縁血縁の薄い土地柄ならではの「大らかさ」が道産子気質の第一とすれば、ここにはその大らかさが盛りつけにも値段にも客あしらいにもいかんなく発揮されている。

そして肝心なのは②、つまりこの店にこもる鬱々とした「暗さ」だ。断っておくが、暗いからダメというのでは決してない。いや、むしろこの手の店で陰が感じられないなら、僕は道産子としてそこを認めたくない。

この暗さの正体は、突き詰めれば道産子の宿命だと思う。

▼大半の道産子は何代か前の先人がもともとのふるさとを捨て、この地へやってきた▼旭川もまた、かつては粗末な開拓小屋が並ぶ寒村だった▼明治の後半に旧陸軍第7師団が置かれ、さらに内地からわけ有りの人々が集まった▼その周辺では軍都の胃袋を満たすため養豚業が盛んになった▼その名残が、塩ホルモンや旭川ラーメン（言わずと知れた豚骨ベース）を産んだ——。

北海道第2の都市のしかも1等地に、なぜ時代に取り残されたような安普請のホルモン屋が健在なのか。歴史を紐解けば、それは間違いなく必然に思えてくる。だからここは〝ザ・北海道〟なのだ。

❖ハスカップ
北海道が誇る酸っぱい系果実の女王

梅干しの〝煮こごり〟をご存じだろうか。昔ながらにきっちり塩を効かせて熟らし、天日で3日3晩干し上げた梅干しが壺の中でさらに熟成を重ね、やがて底へ染み出たエキスが煮こごりみたいに固まってくる。半透明の琥珀色をしたそのエキスはフルフルと繊細な弾力で、口に入れると切れのいい酸味と涼しげな甘みがググッと舌へにじり寄り、しかし淡雪のようにあっさり溶ける。爽やかでちょっと切ない酸っぱさと甘さがエキスの持つ塩気でさらに研ぎ澄まされ、コクのある純米酒と絶妙に合う。

実はこの煮こごり、東京は代官山で日本料理店「**延楽**」を経営し、神奈川県小田原市の農家と協力しながら毎年大玉の杉田梅を漬け続け

【延楽】所在地＝東京都渋谷区猿楽町18の8ヒルサイドテラスF棟地下1階［☎03・3770・3418］月曜休。

ている自称・梅おばさんこと乗松祥子さんの傑作だ。梅好きが高じて『宿福の梅ばなし』(草思社)なる本も書いており、「100年持たない梅干しは本当の梅干しじゃない」とまで言い切る。

で、この煮こごりをひとなめしたとき、突然思い浮かんだのが、北海道が誇る酸っぱい系果実の女王である**ハスカップ**の、あの顔をすぼめたくなる味わいだ。ひと昔前の、昭和の懐かしいハスカップって、取りあえずかなり酸っぱくなかったですか？　そう、いかにもクエン酸たっぷりの、梅干しみたいなくっきりした酸っぱさ。

この酸みに熱を加え、糖分を加え、ちょっと塩を加え、あとはリキュール類か、ほかの柑橘系か、香辛料を足すかして、さらに煮詰めて粘度を増せば、北海道の本格洋食には付き物のハスカップソースが出来上がったんじゃナイカイ！と、今になってもはっきり想像できるほどの強い酸みが、ハスカップの真骨頂だったと思う。

そのハスカップソースをたっぷりかけて食らうは鴨肉であり、鹿肉(エゾ鹿肉)だった。大体がですね、僕が中学から高校という青春時代を過ごした札幌は、1972(昭和47)年の冬のオリンピックという一大イベントを何とか終え、その余韻に浸りつつ都市としての成熟を重ね

【ハスカップ】標準和名はクロミノウグイスカグラというスイカズラ科の落葉樹。若枝や葉、葉柄が有毛なものはケヨノミという名で区別されているが、黒紫色の小さな果実はいずれもハスカップとして利用される。北海道では勇払原野や千歳周辺に原生するものが有名。果実はほのかな甘みとほろ苦さ、そして野趣たっぷりの酸味があり、ジャムやアイスクリームなどに好適。

ていった時期、即ち70年代半ばから80年代初めに当たるんですね。

この頃、グランドホテル、パークホテル、ロイヤルホテルという札幌ビッグスリーのホテルは、こぞってフランスから有名シェフを招き、その料理を《楽しむ夕べ》みたいなイベントを季節ごとに開催しており、食いしん坊家族だった我が家は、よくそうした催しに参加していた。だいたいメーンは牛ヒレのナンチャラとかフォワグラのカンチャラとかの定番ものが多かったが、中には北海道オリジナルのハスカップをオレンジソースやレモンソースよろしく鴨肉や鹿肉に合うソースに仕立て、参加者に勝負を挑む気骨あるシェフもいた。

中でも印象的だったのが、エゾシカのローストにハスカップソースを合わせた逸品。中学3年のとき、グランドホテルのイベントで味わったのだが、細やかな肉の繊維の隙間から肉汁が滾々《こんこん》と泉のように湧き出るレアな焼き上がりの断面に、すり下ろした《山ワサビ》を塗ったくり、その上にハスカップソースがまだらにかかっている。

鹿肉の優しくもちょっと猛々しい血潮の香り、山ワサビのアクの強い辛み、そしてハスカップソースのパンチの効いた酸みが渾然一体となり、猛然とその肉片にかぶりつきたくなる情熱を誘う味の組み立てだ。今ならその料理のテーマが「野性味」にあったと、はっきりわかる。恐らくあのときのシェフはエゾシカ肉、山ワサビ、ハスカップと、いずれも北海道の自然を体現する素材から、即座にジビエ料理（狩猟で射止めた野禽肉を気の利いたひと皿に仕上げる西洋の伝統的料理）風のやり方を想像したに違いない。だからこそ奇をてらわず、山ワサビとハスカップそのものの味を生かす調理法を選んだのだ。

当時のハスカップは、恐らく苫小牧周辺、勇払原野辺りで自生する天然物だったろう。その自生ハスカップがその後の土地開発でどんどん姿を消し、1980年代を境にして各地で栽培されるようになったのが、ブルーベリーに近いぐらいの強い甘みと、代わりに酸みを抑えた今の「ゆうふつ」と呼ばれる栽培品種だ。

こっちはジャムやドライフルーツなんかでよくお目にかかるし、万人向けの穏やかな風味で確かに食べやすい。酸っぱさ控えめなんていうところは昨今の梅干事情と同じだけれど、う～ん、やっぱり思い切り顔をすぼめる酸みの快感は捨てがたく、昔のハスカップそのものの栽培品種も考えて欲しいところだ。

そこへ行かぬと本当の味はわからないご当地ラーメンは郷土の味

❖旭川ラーメンと函館ラーメン

札幌ラーメンと釧路ラーメンを別項で書いておいて、旭川ラーメンと函館ラーメンを無視するわけには、そりゃいきませんよね。

旭川ラーメンは、豚骨と魚介を徹底的に煮出した濃厚スープに、パーマと呼ぶ独特の縮れを持つ水分の少ない中細麵、これに「キッコーニホン」ブランドでお馴染みの地場メーカー醤油で味の土台を作るのが一般的だ。

一方の函館ラーメンは、幕末の開港以来、国際貿易港として華僑の往来が盛んだった土地柄から中華料理の亜流として生まれ、豚骨や鶏ガラをベースにした透明感のある塩味スープに、ストレートな細麵が身上。

同じ北海道のラーメンでも、両者は対照的と言っていいほどに違う。この差は要するに旭川と函館の風土の差だと僕は思っていて、だから、ご当地ラーメンはその土地に行って食べないと本当の味はわからない。そう、ご当地ラーメンには、旅人として一番グッと来る食べ方や食べどきが必ずあるのだ。

まず旭川ラーメン。これは意外にも夏がいい。ただしお盆もとっくに過ぎた8月末、キーンと冷え込んだ盆地特有の肌寒い風がザワザワと吹き渡る曇天だ。季節の変わり目を感じる寂しい夕暮れ、とにかく開店間際で人けのない焼き肉屋に飛び込む。そしてガツやハツ、シロなど豚の内臓、つまり塩ホルモンをビールと焼酎でささっとやっつける。旧陸軍第7師団が置かれた旭川は昔から軍用食料として養豚が盛んで、今も2万頭前後が飼われている。だから、ラーメンも歴史的に濃厚豚骨スープがベースになるわけだが、その豚骨の本質を味わう露払いに、塩ホルモンは同類の味として最適だ。

シンプルな塩味のホルモンを腹六分程度に収めるうち、晩夏の冷たい夜気にこごえていた心身が熱と酔いで柔々とほぐれ、《締めにはガツンと来るコッテリ系ラーメンでうら寂しい旭川の夜をやり込めてやれ！》と気が大きくなる。中心街の**三六街**周辺をうろつきながら火照った体を再び冷ましつつ、湯気でガラス戸のしっかり曇った繁盛店が見つかったら迷わず飛び込む。舌がジンとしびれるような濃い醤油スープがよく絡む縮れ麺を一気にすすれば、酔客同士黙々と肩を寄せ合うその在り様になぜか目頭が熱くなる――これが旭川ラーメンを最もおいしく食べる、僕なりのシチュエーションだ。

対して函館ラーメンは冬がいい。しかしこれも単なる厳冬ではなく、むしろ春間近い温かさを感じる昼日中だ。白々と陽光すら覗く明るい空から天気雨のようにみぞれが落ち、すっかり雪もぬかるんだ小路をそろりそろり歩きながら、赤いのれんがはためく中華料理店に行き着く。遠くで聞こえる甲高い霧笛もかもめの鳴き声も、今日はどこか響きが明るい。

ラーメン専門店ではないから、中のメニューはむしろ酢豚やカニ玉といった一品料理が中心。ラーメンは片隅に塩、醤油、味噌の別に書かれているだけで、味噌だけなぜか100円高い。「ついでにラーメンもやってます」的雰囲気が、なぜか函館ラーメンにはよく似合う。

あっと、この時の僕は二日酔いだった。前夜は函館で僕がこよなく

【三六街】JR旭川駅前から徒歩圏内にあり、約1800軒の飲食店が立ち並ぶ歓楽街。産地直送のオホーツクの海の幸に加え、旭川自体が道内きっての地酒処だけに気もそぞろな旅行客やビジネスマンの往来が絶えない。

【田ざわ】全国でも有数の旨い天ぷらが味わえる店。主人が打つ手打そばも極上だ。所在地＝函館市杉並町23の10［☎0138・56・2023］水曜休。

愛する天ぷらの名店、杉並町の**田ざわ**で軽快な〝白魚のかき揚げ〟やら香り高い大葉でくるんだ〝雲丹の挟み揚げ〟やらを秋田の銘酒「刈穂」と共に堪能しており、余韻をいまだ引きずっている。

となれば当然、その浮き立った気分と二日酔いでフワフワした心身になじむように染みるのが、濁りのない塩味のすっきりしたスープであり、日本蕎麦のようにスルスル手繰れるストレート麺というわけだ。すべては春霞のようにホンワカとしていて、ほのぼのとした開放感を感じる——これが函館ラーメンの、僕的理想のTPOである。

繰り返すが旭川ラーメンも函館ラーメンも、そこで食べるからこそおいしいのであり、ご当地ラーメンとは結局郷土の味なのだ。1994年、横浜に新横浜ラーメン博物館が誕生して以来、ご当地ラーメンを一堂に集めたラーメンのテーマパークは全国で40を超すそう。北海道にも▼**北海道ラーメン道場**（千歳市）▼**札幌ら〜めん共和国**（札幌市）などがある。ま、ラーメン好きとしてこういう施設に引かれる気持ちは痛いほどわかるし、実は僕も結構行ったりする。だが、そこで食べるご当地ラーメンですべてがわかった気には、やっぱりならないほうがいい。

【北海道ラーメン道場】札幌、函館、旭川、帯広と全道各地の有名店が軒を連ねる。所在地＝新千歳空港ターミナルビル3階　北海道ラーメン道場フロア［☎0123・46・5938］無休。

【札幌ら〜めん共和国】札幌・函館・旭川・釧路など道内各地の有名店を集めた、北海道ラーメンのフードテーマパーク。所在地＝札幌市中央区北5西2札幌エスタ10階［☎011・209・5031］無休。

あとがき

冬に入ると、猛然とカキ（牡蠣）フライが食べたくなる。ヘミングウェーが「かすかに銅の味がする」といった金属的な磯臭さと、トロリとした粘液のミルキーな甘み。カラリと揚がった衣をかみしめると、中からその熱々のジュースが口いっぱい広がる幸せ！　全くフライ物の王道を行く旨さだ。

東京・神田駿河台の明治大学そばに、気取らないトンカツ屋があった。木造モルタルの古びた平屋に、使い込んだ白木のカウンターが奥まで延びている。厨房のフライヤーでは、眼光鋭い細身のじいさんが悟りきった面持ちで物静かに7００円也のトンカツを揚げていた。

ここで食らう冬場のカキフライは実に最高だった。大ぶりのカキが

6個、山盛りのキャベツとトマトケチャップたっぷりのスパゲティサラダを従えて皿に乗っかる姿は、800円とは思えぬド迫力がある。

ほかの店のカキフライと違うのは、まず衣の外観。《焦がしたんでねえべか?》と思うくらいに濃い揚げ色で、コーヒー色(もちろんブラック)に近い。しかも、粗めのパン粉がハリネズミみたいに鋭くささくれ立っている。ラードオンリーで揚げているから、プーンと濃い脂の香りが鼻を突く。

ウスターソースを衣に軽く回し掛けてガブリ。丸々と膨らんだカキの身から例によって熱々のジュースがほとばしり、海のエキスのすべてがこの粘液にこもっているような気がした。そして濃く揚がった分厚い衣の、バリバリというかメリメリというかガリガリというか、超ハードなかみ心地が、僕の嗜好にピタリとはまった。

サックリ軽やかな淡色の薄衣、そんなお上品な揚げ方はカキフライに似合わない! 雷おこしも真っ青の硬い衣の食感を味わうたびに、その思いを強くした。

なぜ僕がこれほど硬揚げ好きなのかは、本書をご一読いただければわかると思う。鉄皿に乗っかったミートソースの底にへばり付いた素揚げ状の麺。カニの甲羅揚げの甲羅やエビフライの尻尾。カラカラに干からびたコッペパンを下ろしたジャリジャリの自家製パン粉。釧路生まれの僕が幼い頃に出合った、そんなハードな食の数々が、巡り巡ってこの豚カツ屋のカキフライに行き着いた気がしてならない。

それに当時の釧路では、厚岸産や佐呂間産の鶏卵ぐらいに大きいカキがいくらでも手に入り、店を営んでいた親は余り物をフライにしたりシチューにしたり、果てはカレーの具にするなど、日々使い切ることに忙しかった。カキもまた、僕にとっては紛れもないソウルフードなのである。

件の豚カツ屋は数年前、突然小ぎれいなビルに建て替わり、厨房を仕切っていたじいさんも恰幅のいい中年男（たぶん息子だろう）へと代替わりした。すると、あのハードなカキフライは、一気にソフト路線へと切り替わっちゃったのだ。頼りない狐色の、カキ本体が透けて見えそうな薄っぺらな衣を前に、食とは一期一会であることを、まざまざと悟った。

あの日、あの時食べたあの味は、一度きりのもので二度と同じ食は体験できない。昨日出かけた寿司屋にまた今日も出かけ、同じオヤジが握る中トロを前日同様に食べたとしても、それは決して同じ味ではない。どうも僕たちは、食が毎日の習慣であるゆえ、お気に入りの味や店は、思い立ったらいつでも自在に体験できると錯覚しがちだ。でも、その食との出合いはその日一度きりであり、そのおいしさは、その時だけのものでしかない。

だから僕はこの本を書いた。人には誰でもソウルフードがある。一期一会の食の中でいつまでも舌に鮮烈な印象を残し、たとえ時代を経ても、再び口にすれば当時の懐かしい空気や情景がくっきり立ち上ってくる忘れられない味。道産子には、道産子ならではの、そんなソウルフードが数多くある。

本書を通し、ハンカクサイ道産子《つまり僕》の思いを皆さんとちょびっとでも共有させていただけたなら、著者冥利に尽きる。

最後に、今回の企画が実を結ぶまで辛抱強くおつきあい頂いた、和田由美さん始め亜璃西社スタッフの皆さまに、食いしん坊の同志として、胃袋の底から深謝申し上げます。

＊本書のデータはすべて２００７年11月現在のものです。

■著者プロフィル

宇佐美 伸（うさみ・しん）

1961年、北海道釧路市生まれ。早稲田大学卒業後、新聞社に入社。初任地の盛岡支局を皮切りに各地で山海の幸を食べまくり、「エンゲル係数75％の男」の異名をとる。本書は、育った故郷の釧路を原点に、独断と偏見を交えて自在に食体験を語るスーパーエッセイ。著書に『快食の新・常識「食」の現場からの73のヒント』（講談社＋α文庫）、『寿司おたく、ジバラ街道をゆく』（講談社）。

どさんこソウルフード
君は甘納豆赤飯を愛せるか！

2007年12月10日　初版第1刷発行

著　者　宇佐美《うさみ》　伸《しん》
装　幀　須田　照生
編集人　本多　政史
発行人　和田　由美
発行所　株式会社亜璃西社（ありすしゃ）
〒060-8637 札幌市中央区南2条西5丁目6-7
TEL（011）221-5396
FAX（011）221-5386
URL http://www.alicesha.co.jp/
印刷所　株式会社アイワード

ISBN 978-4-900541-74-0 C0095